日本語力で切り開く未来

齋藤 孝
Sait[illegible]akashi

インターナショナル新書 049

目次

第六章　未来を切り開く日本語力　211

編集協力　北　菜穂子

はじめに

突然ですが、あなたは日本語力に自信がおありですか?

そう訊ねられて、「急に聞かれても……」と戸惑われたでしょうか? あるいは「そんな力が無くても生活に支障はない」とお思いになったでしょうか? はたまた、「そもそも日本語力ってなんのこと?」という方もいらっしゃるかもしれません。

日本語力とは、私たち日本人が幸運にも生まれた時から手にすることを定められた、かけがえのない宝です。そしてそれは磨けば磨くほどあなたの人生に輝きを与えます。

膨大な語彙の海と、何種類もの文体の木々に埋め尽くされた森――この豊かさは世界でも類を見ません。そこに眠る極上の食材や貴重な資源を収穫するためには、実際の採集と同じように知識や技術が必要になってきます。そして、それらを身につけるための基礎となるのが、まさに日本語力なのです。

本書では日本語力を磨き上げるためのヒントとして、全編を通して歴史に残る名著や名文の言及をちりばめてあります。興味を持って頂いた作品は、できるだけ早く手に取り触れることをお勧めします。鉄は熱いうちに打つのが一番です。

そのほか、「日本語力判定ドリル」と、「音読で味わう名文」と題した音読テキストを各章末に所載しました。音読を繰り返し実践し、名文の音やリズムを味わうことで、そこに秘められた先人たちの感情やメッセージを体に刻みこんで頂くことができると思います。

さあ、このページをめくれば早速ドリルが始まります。肩肘張らずに、リラックスしてお楽しみください。

二〇二〇年一月

齋藤　孝

日本語には〈**漢語・助詞＋動詞**〉という構造の表現が豊富にあります。

［具体例］
研鑽を＋積む　／　愛想が＋尽きる　／　呆気《あっけ》に＋取られる

この構造に則った慣用句に関する問題を用意しました。各設問の下に添えてある説明文をヒントに、常体（文末に「です」「ます」などの丁寧語を用いない口語体）の動詞で空欄を埋めてみてください。

各章末にも同様のものを掲載しておりますので、本文の箸休めとして楽しんで頂けたら幸いです。

1—道草を（　　）
目的地に達する前に、横道にそれて時間を取ること。

2—足元にも（　　）
相手が優れていて、自分とは比べようもない様。

3—場数を（　　）
同じことを繰り返して経験を積む様。

4—口火を（　　）
物事を他より先に始めて、きっかけをつくること。

5—手のひらを（　　）
考えや態度を急に変える様。

1　道草を（食う）

2　足元にも（及ばない）

3　場数を（踏む）

4　口火を（切る）

5　手のひらを（返す・翻す）

第一章　日本語を失いつつある日本人へ

冒頭の「日本語力判定ドリル」はいかがでしたでしょうか？　あまりに簡単で拍子抜けしてしまったでしょうか？　この後にも各章末に用意してありますので、解けたもの、解けなかったものにかかわらず、普段の会話にぜひ取りこんでみてください。

さて、本章では言語がヒトにもたらす影響に始まり、国語教育の現在と過去について述べつつ、日本語とはどういう存在であるのかをお話しします。

使う言語によってヒトの性格が変わる？

私たち人間は、言語がたどってきた道のりや、その過程で生じたさまざまな変化をすべて背負った上で、日々ものを考えたり、感じたりしています。言語がなければ、自分の考えを他者に伝えたり、先人たちの教えを受け継ぐことも叶《かな》いません。

数百年前、数千年前の人が残した書物を読み解くには、当時の人々が用いていた文法や修辞表現を知り、現代の言葉へと置き換えて理解する必要がありますし、異国の書物を読み解くには、その国の言語や文化を少なからず学ぶ必要があります。

人類はそのようにして、古今東西の知恵を引き継ぎ、文明として発展させてきました。

言語は、それを用いる個人のアイデンティティに大きな影響を及ぼします。たとえば、二〇一七年にノーベル文学賞を受賞した小説家、カズオ・イシグロ（一九五四〜）は、日本人の両親をもつ日系イギリス人です。ルーツを見れば、イシグロは日本人ということになりますが、幼い頃からイギリスで育ち、彼のパーソナリティの大部分は英語文化圏で形成されていきました。そして英語で思考するカズオ・イシグロは、一九八二年に自らの意志で自分が生まれた日本の国籍を手放し、イギリス国籍を選択しました。つまり、彼は生まれた国ではなく、育った国（第一言語を得た国）を自らの母国としたのです。

イシグロの場合、日本からイギリスへ移住したのが幼少期（五歳）と早い時期であったこともあり、イギリスの文化を自らのアイデンティティとして享受することも難しくなかったのかもしれません。

一方で、大人になってから違う言語圏へ移住した人であっても、その土地の言語や文化によって自らのアイデンティティを揺さぶられることは少なくないようです。

あるアメリカ人は、日本でしばらく生活し、日本語に慣れ親しんだ頃にアメリカへ帰国したところ、「あなたは、イエス、ノーがはっきり言えない人になってしまったね」と友人たちに言われたそうです。日本文化に身を置き、日本語に親しむうちに、振る舞い方や考え方まで日本人的になってしまったというのです。

もちろん個人差はあるものですが、言語の与える影響というものは深く、人のアイデンティティの根幹にまで及ぶものなのです。

言語は歴史と文化の宝箱

日本語を幼い頃から体に染みこませて暮らしてきたということ。それは同時に、私たちが日本語の運命を過去から現在、そして未来へとつなぐ運び手の一部であることを意味します。

イギリスの進化生物学者であり動物行動学者でもある、クリントン・リチャード・ドーキンス（一九四一〜）は、一九七六年に著書『利己的な遺伝子』の中で、「生物は遺伝子によって利用される〝乗り物〟に過ぎない」とする遺伝子中心視点を提唱し、世界に衝撃を与えました。この論考には私も驚きました。確かにそうかもしれない、自分の人生とは言っても、自分一人の運命を生きているのではないのかもしれない……と目が開かれた思いがしたものです。

今になって、このドーキンスの論考を読み直してみると、これは長い歴史を経て受け継がれてきた「言語」においても同じことが言えるのではないかと思えてきます。私たちは、自らの力で日本語を習得し、この言語を自在に操って生きているように思いこんでいますが、もしかすると「日本語を生かすため」にこの世に生きているだけなのかもしれません。この「人間＝言語の運び手論」に当てはめて考えると理解しやすいのが、アイヌ語です。

アイヌの言葉は、日本語とは異なる言語体系を有しており、語彙も異なります。もちろん、日本語がアイヌ語に影響を及ぼした言葉もありますし、逆に稚内《わっかない》や登別《のぼりべつ》など、北海道の地名にはアイヌ語由来のものがたくさんあります。石狩川という名称ひとつを取っても、「塞がる」という意味を表す「イシカリ」、「美しく・作る・川」を意味する「イシカラペツ」、「非常に曲がりくねった川」を指す「イシカラアペツ」など、その由来には諸説あるようです。

しかし、単語は別として、現代ではアイヌの言葉を母語とし、それに習熟している人は減少してしまいました。これは深刻な問題です。建物などの有形文化財であればしかるべき環境を整えれば保存できますが、言語の場合、それを使う人がいなくなれば、それがどのように話されていたかはわからなくなってしまいます。

別の言い方をすれば、「この土地で暮らしてきた人たちは、このような価値観や思想のもとに暮らしてきたのだ」ということも、言語からひもとけば知ることができます。現代では遺伝子情報から人物のルーツをある程度遡ることも可能となってきましたが、言語も親から子、子から孫へと脈々と受け継がれてきた情報のバトンなのです。

言語を失えば、それを話す人々の生活や文化、そして伝統が消滅してしまうと言っても過言ではありません。その伝統を、この先も未来へと引き継いでいくことができるか。その運命は現代を生きる私たち日本人にかかっています。

目先の利益と莫大な遺産、どちらをとるか

二〇一二年にNHK BSプレミアムで放送された『100年インタビュー』という番組の中で、日本文学研究者のドナルド・キーンさん（一九二二〜二〇一九）が、日本をいかに好きかということを切々と語られていました。

キーンさんは、二〇一一年の東日本大震災直後、日本への永住を決意して日本国籍を取得されましたが、このインタビューでは、なぜ日本人になったのか、その理由を日本語、日本文学、日本文化の魅力とともに語っています。それを書籍にまとめた『私が日本人になった理由』の中でこう述べています。

「世界で最も強いのは一流の文学／文学は一番残るものなのです」

キーンさんはこのインタビューの中で、松尾芭蕉（一六四四〜一六九四）についても言及されています。曰く、芭蕉が『奥の細道』の旅の中で特に感心し、つぶさに観察していたのは、訪れた土地に残されている石碑だったそうです。

しかし、石碑といえばそこに書かれているのは誰が建造物を建てて、誰が修理をしたかというようなことばかり。これを面白がる人は稀でしょう。それにもかかわらず、なぜ芭蕉が石碑に感動したのかというと、「言葉が残ることを実感したため」なのだそうです。

時の流れの中でその時代を生きた人々の体は朽ちようとも、石碑に記された言葉は風化せずに先人たちの言葉を後世へと伝え続けている。芭蕉は言葉のもつ力に深く感動したからこそ、行く先々で石碑を熱心に観察したのでしょう。

現在、奥の細道をたどっても、芭蕉が歩いた当時のままにすべてが残されているわけではありません。しかし、地形や風景が変わってしまっても、「人の言葉は残ります」、それは「山よりも川よりも強いとさえ思える。芭蕉はそれを実感したと私は思っています」とキーンさんは言うのです。そして、このインタビューの最後に、一〇〇年先を生きる人たちへのメッセージとしてこう述べています。

「現在の日本とはずいぶん違った国になっているでしょう。今も未来も守るべきものはあります。それは日本語です。（中略）日本語こそが日本人の宝物と信じて疑いません。ぜひ守ってください」

これは非常に重要なメッセージです。というのも、すでに世界には、時代の流れとともに失われてしまった言語がいくつもあります。いつの日か、日本語がそうならないという保証はどこにもないのです。

驚くことに、日本の知識人のなかには、この国の公用語をフランス語にしたらよいとまで提唱した志賀直哉（一八八三～一九七一）をはじめ、すべてローマ字表記にすればよいと主張した人もいます。また最近では、公用語を英語にしようという会社まで出てきています。しかし、便利だから、進んでいるように見えるから、経済大国の言語だから、お金になる言語だから……などという理由で日本語を部分的にでも放棄しようと考えているのであれば、あまりに浅薄です。言語とは、そうした目先の利益や、短絡的な簡便性で捉えてよいものではないのです。

極端に言えば、仮にいつの日か日本語を話す人がこの日本列島から一人もいなくなった場合、この国に暮らしている人々は、今の私たちが思うような日本人ではなくなっているかもしれません。少なくとも、そこで暮らす未来の日本人たちには、キーンさんや芭蕉が愛した言語の力を理解することはできないでしょう。

ただ、私は何も異国の言語に触れることを否定しているわけではありません。異国からの言語の流入が、その国の母語に影響を及ぼし、語彙の幅、思考の幅を拡大することはもちろんありますし、それは素晴らしいことです。しかし、このような言語の活性化が起こりうるのも、その国の母語がきちんと人々に根づいているという前提があればこそ。生まれたときから使っている母語を、大人になってからいきなり別のものに取り替えて、ましてや公用語にするなどというのは、言語道断なのです。

高校国語のおそるべき新選択科目

今日、日本には多くの移民が流入し、多様な文化や、生活様式を共生させなくてはならない場面が急増しています。業務の効率化のために日本語でのオペレーションを英語に置き換える企業はさらに増えていくかもしれません。

実はそういった外的要因によって言語が変容を遂げていくことは、古くから日本語が経験してきた運命です。それは日本語のみならず、言語そのものが避けて通れない道であり、憂うことではありません。

懸念すべきは、むしろ内的な部分、私たち自身の意識の問題です。果たして現代に生きる私たちは、これまで先人たちによって育まれてきた日本語をきちんと理解し、継承できているのでしょうか？　そもそものような問題を感じている人がどれほど存在しているでしょうか？

そのような状況に陥った理由のひとつは、現代に生きる私たちが、先人たちがどのような意図をもって日本語の歴史を形成してきたか、理解できていないことにあります。例として、漢文、漢籍の伝統を見てみましょう。それらを学ぶことは、少なくとも明治期までは日本人の男性にとって基本中の基本の教養でした。

彼らは「読み」において、返り点を打ちながらたくさんの漢籍を読んで勉強していたのですが、日本人にとって漢籍は異国の読み物ですから、一朝一夕ですらすらと読めるようにはなりません。当時の人々は、私たちが学校で何年間もかけて英語やそのほかの言語を勉強するのと同じように努力を重ねて漢文、漢籍の知識を身につけ、日常的に仮名を使わずに漢字だけで文章を書くという芸当をやってのけたのです。読むのはもちろん、書くときも日本人は漢文で文章を書いていました。公文書はもちろん、日記まで漢文で書いていたのですから、現代人からすると驚くべき能力です。

そのノウハウが脈々と継承されていなければ、私たちはゼロから漢文に取り組まなければなりません。しかし実際には、漢文の教科書があり、李白（七〇一～七六二）や白居易（七七二～八四六）の短い詩であれば数時間の授業を受ければ読めるようになります。ただ読解するだけでなく、そこに込められた文化や哲学を人生の糧とできるのも、先人の努力があってのことなのです。

ところが現在、大学入試において漢文を出題する学校が減っています。漢文を学ぶ意味がわからない、という声もそこら中で耳にします。そして古文もまた、非常に人気のない科目となってしまいました。なぜふだん使うこともない漢文や古文を学ばなければならないのか、あの馴染みにくい文法を思い出すだけでも気が滅入る、という人ばかりになってしまったのです。

そんな傾向を反映してか、二〇二二年度以降、高校の国語は、実社会に特化した「論理国語」と、言語文化に特化した「文学国語」に区別され、科目として分割されることが決まっています。そうなれば、実社会で即役立つように見える論理国語に重要性を置くようになるのは目に見えています。そして、それは必然的に文学国語の軽視を助長するでしょう。この国語教育における懸念は、すでに理科で現実のものとなっています。

一九九〇年代までは理科も、物理・化学・生物・地学の四科目すべてが必修でしたが、九〇年代に高校の科目は選択制となりました。その結果、物理は、九〇年代に入るとその数字が三割にまで落ち込み、さらに九〇年代の半ばには一割にまで減ってしまったのです。

このように選択制にしてしまうと、受験に不利になると言われる教科、あるいは難しそうに見える教科は選択する生徒が少なくなってしまいます。たとえ物理学がどれほど価値のある学問であろうとも、教育制度が変わるだけで学ばれずに終わってしまうのですから、残念極まりない話です。文学国語も、物理科目と同じような経過をたどっていく危険性は大いにあります。

しかし、本当にそれでよいのでしょうか。

近代合理主義的な取捨選択の論理が、教育の現場までをも侵食すれば、この先、国語教育は、ひいては日本人が脈々と受け継いできた日本語の系譜は確実に先細っていくことでしょう。私たち日本人は自覚しないうちに日本語の本流を見失い、一〇〇〇年以上かけて磨かれてきた日本語を継承する機会を逃しつつあるのです。

寺子屋教育の素晴らしき実態

　国語教育の分断が進めば、いずれは森鷗外（一八六二〜一九二二）の『舞姫』や夏目漱石（一八六七〜一九一六）の『こころ』、中島敦（一九〇九〜一九四二）の『山月記』といった文学国語に振り分けられるような作品は軽視され、「そんなものを読む時代じゃない」と言う人が出てくるかもしれません。いえ、もう出てきているのです。

　そうなれば、古典の名作や名文はいつしか忘れ去られ、時代を超えての共有はされなくなってしまうでしょう。かつて松尾芭蕉が心を震わせ、ドナルド・キーンさんが信じた「言語の力」を殺すのは、私たち日本人自身かもしれないのです。

　その重大さを、もうひとつの例で見てみましょう。

「吾十有五《われじゆうゆうご》にして学に志す、三十にして立つ、四十にして惑わず」などは、漢文を日本語に書き下した文語体です。この文語体こそが日本の言語文化における骨格であると主張する知識人が、かつては数多くいました。しかし今ではどうでしょうか？　文語体を学びたいという人は大学においてもごく少数派ですし、ましてや文語体の重要性を強く主張する学者はほとんどいません。

　江戸時代の寺子屋の教科書を見てみると、現存する多くのものは漢文の返り点を打った状態になっていることに気づかされます。本文の横には時々振り仮名が振ってあり、先生がまず読み、それを子どもたちが復唱する形で、口移しにその文語体を体に刻みこんでいったのです。当時の子どもたちは、何度も繰り返し音読することで文語体を身につけ、自然と文語体で文章を書くことができるようになっていきました。この寺子屋式の「素読《そどく》」学習法こそが、言語の習得方法として最も優れたものであると考えています。

ところが、現在の小学校一、二年生の教科書では、話し言葉に近い文章が主に使われており、非常に少ない語彙でまとめられています。大人が使うような言葉ではなく、子ども向けの易しい言葉で書かれており、写真や絵が多くを占めています。これでは寺子屋で学んでいた子どもたちの日本語力、語彙力には敵いません。

寺子屋では、最初は意味がわからなくとも、先生が手本となって読み聞かせ、体から体へ伝えることに重きを置きました。そうした文語体継承の伝統によって、非常に高い水準の教養が保たれていたのです。その裏付けとして、江戸時代の初期と末期では約二五〇年の時間差がありますが、武士の日本語力にそれほど大きな差はありません。

福澤諭吉というターニングポイント

幕末になると、この寺子屋での徹底的な漢籍教育に異を唱える学者が出てきました。それが、幕末・明治の啓蒙思想家であり慶應義塾の創始者でもある福澤諭吉（一八三五～一九〇二）です。

一八七二（明治五）年に刊行された著書『学問のすゝめ』の中で、そのことについて述べている部分を、現代語訳でご紹介します。

学問というのは、ただ難しい字を知って、わかりにくい昔の文章を読み、また和歌を楽しみ、詩を作る、といったような世の中での実用性のない文学を言っているのではない。たしかにこうしたものも人の心を楽しませ、便利なものではあるが、むかしから漢学者や国学者などの言うことは、それほどありがたがるほどのことでもない。（中略）そうだとすれば、今、こうした実用性のない学問はとりあえず後回しにし、一所懸命にやるべきは、普通の生活に役立つ実学である。

つまり、福澤は、漢学とか漢籍というものは無駄なものであると考えていたわけです。実学こそがこれからの世の中に役立つものであり、そういうものを勉強しなさい。そして、それらの学問を修めるためには、次のことが重要だ、と続けます。

こうした学問をするにあたっては、西洋の翻訳書を調べ、だいたいのことは漢語を使わずにできるだけやさしい言葉で対応すべきである。もしくは、若くして学問の才能があるものについては、西洋の原文を読ませる、それぞれの学問では事実を押さえて、物事の性質を客観的に見極め、物事の道理をつかまえて、いま現在必要な目的を達成すべきである。

福澤の言わんとすることは、たしかに理解できます。漢学の形式ばかりに囚われて勉強しても、なかなか身近な問題は解決しませんし、社会が著しく近代化するわけではありません。それよりももっと西洋の実学書を読んで、実質的なことを考えなさいというのはごもっともです。

前項までに述べた文語体の重要さとは、相反しているように感じるかもしれません。しかし大前提として、この福澤諭吉の『学問のすゝめ』自体、ほとんどの部分が文語体で書かれているのです。

実は福澤諭吉自身は、漢学を徹底的に修めていました。『春秋左氏伝《しゅんじゅうさしでん》』のような書物が大好きで、繰り返し読んだという話を一八九九（明治三二）年刊行の自叙伝『福翁自伝』にも残しています。つまり、彼にとって漢学は、あまりにも基礎的な学問であり、漢学や文語体をマスターしてしまったがゆえに、あたかも身内のことを卑下するように否定的に話していたのでしょう。もうここまで勉強してしまったので僕の場合は仕方ないけど、でも、そんなものはそれほど重要ではないよ、というようなことを言ってみた。そんな節がありますす。

そのほかにも福澤諭吉が書き残した文章は、ほとんどが文語体で綴られています。そのなかでも、最も易しく書いた文章が『学問のすゝめ』であり「これは初学者用のテキストとして誰でも読めるように書きました」と本人が述べています。それが現在ではほとんどの日本人にとって読みづらいということは、日本語力の継承がうまくいっていないということにほかなりません。もちろん、文語体を学ばなくなった分だけ、他の学問に対する知識量は増えているかもしれません。

文語体を放棄し、人々は平易な文章で学問を修めるべきだ。福澤諭吉の提唱は、曲がりなりにも現代の日本人に実行されています。教育者としての影響力を持っていた福澤諭吉の出現は、日本語のターニングポイントとなったと言えるでしょう。

自分磨きは基礎が重要

寺子屋教育に話を戻します。かつての日本人たちは、幼い頃から漢学や文語体を口移しで叩きこまれてきたことはお話ししました。漢文を指導するにあたって、まずは先生の音読を復唱し、ひたすら音読する「素読」という学習法によって、武士の子弟のみならず寺子屋で学ぶ日本全国の子どもたちに徹底的に学ばせました。

しかし、なぜ彼らはそれほどまでに漢学の修得を徹底したのでしょうか？　それは、当時の知識人たちの間では今以上に、日本語の継承というものが重んじられていたからなのではないか、と私は考えています。

次章で詳しく述べますが、『万葉集』の時代に日本人は大和《やまと》言葉と漢字を融合させました。その後日本語の一部となった漢文のおさらいは、日本語の本質を知るために不可欠だったのです。

また、当時のテキストとして孔子（前五五二～前四七九）の『論語』が代表的ですが、言語としてだけでなく、そこに記された哲学や教訓が人間形成を行う上においても重要であると考えられていました。当時の大人たちは次の世代に、そういう大切なものを幼い頃から身につけてもらいたいと考えて、寸分の狂いもないように教えてきたのです。福澤諭吉は、まさにこの恩恵を存分に受けた世代なのです。

しかしその後、言文一致運動が起こり、読みやすく書きやすい文体が主流となっていきました。その影響によって、日本語学習の裾野は広がり、文学の世界が大きく花開いていったことはいうまでもありません。が、素読の世代のように日本語の継承を重んじることは少なくなっていきました。もちろん、時代ごとの新しい教養というものもあるので、衰退していったとは一概に言えませんが、失われたものが大きかったことは事実なのです。

評論家の唐木順三さん（一九〇四～一九八〇）は、著書『現代史への試み』で、夏目漱石や幸田露伴（一八六七～一九四七）が、ギリギリ江戸時代の生まれで、素読の伝統が残っていた最後の世代であることを指摘しています。福澤諭吉はそれよりも前の世代ですから、完全に江戸時代の教育を受けているわけです。漱石などは、生まれてすぐに明治になってしまいますが、しかしながらまだ江戸の名残として素読が教育の中に残っていたのでしょう。唐木さんは彼らを「素読世代」と呼び、そして、その次の世代、志賀直哉や芥川龍之介（一八九二～一九二七）らを「教養世代」とカテゴライズしています。

徹底して文語体を体に叩きこまれた素読世代と比較すると、志賀や芥川の世代は、世界の多様な文献を読み、より広い教養を身につけようとした世代だと言えるでしょう。これは剣術で言うと、実戦的な剣術を体に叩きこまれた江戸時代の修業と、それ以降の殺し合いを前提としない、多様化した剣道の違いということになるでしょうか。

私が今一度、素読への回帰を提唱する理由は、まさにこの違いにあります。柔軟に多様な文化に触れ、異国の教養に触れることはもちろん重要です。しかし、剣術において真剣勝負を意識し、数千、数万回という素振りをするのと同様に、私たちは日本人である以上、自分たちの母語である日本語がどのような変遷を経て現在の形に至ったのかをまずは徹底的に学び、基礎を体得することが肝要です。基礎となる美しい型が身につけば、その応用系である多様な剣術の型をインストールしても、軸がぶれることはありません。逆に、文語体という基礎をきちんと学ばないままに、その応用ばかりを先取りする人々が増えていけば、やがて日本語の系譜は完全に断絶してしまうことでしょう。

日本語の運命を担うということの第一歩は、その歴史を知り、先人たちがたゆまぬ鍛錬によって研ぎ澄ましてきた美しい型に触れてみること。そうすることではじめて私たちは、数奇な運命をたどってきたこの言語の面白さと魅力を再発見することができるのです。

しかし、一口に「日本語の変遷を学ぶべきだ」と言っても、そう簡単にできるものではありません。次章以降では、日本語のターニングポイントと、その時々に生まれた名文について解説していきたいと思います。

音読で味わう名文 その1 ◆『万葉集』梅花の宴 三十二首の序文

元号「令和」の典拠として、ニュースでご覧になった方も多いのではないでしょうか。

まずは現代語訳を読み、そこに描かれている人物や風景の様子をイメージしてください。

その後、書き下し文を音読してみましょう。一語一語の意味はわからなくても構いません。現代語訳で頭に浮かべた情景をイメージしながら最初から最後まで繰り返し音読することで、感じて頂けるものがあるはずです。

各章末に様々な時代のものを載せていますので、同じように味わってみてください。

（書き下し文）

天平《てんぴょう》二《に》年《ねん》正月《しょうがつ》十三日《じゅうさんにち》に、師《そち》の老《おきな》の宅《いえ》に萃《あつ》まりて、宴会《えんかい》を申《ひら》く。

時《とき》に、初春《しょしゅん》の令月《れいげつ》にして、気淑《きよ》く風和《かぜやわら》ぎ、梅《うめ》は鏡前《きょうぜん》の粉《こ》を披《ひら》き、蘭《らん》は珮後《はいご》の香《こう》を薫《かおら》す。

（現代語訳）

天平二年正月十三日に、大宰府の大伴旅人《おおとものたびと》の邸宅に集まって、宴会を開いた。

折しも、初春のよい月の下、空気はよく風はさわやかに、梅は鏡の前の美女が装う白粉《おしろい》のように開き、蘭は身を飾った香のように薫っている。

日本語力判定ドリル 2

1 墓穴を（　　　）
自分自身が滅びる原因を自ら作り出してしまうこと。

2 路頭に（　　　）
生活の手段を失って困窮すること。

3 悪態を（　　　）
悪口、罵りを発すること。

4 合点が（　　　）
同意すること。理解すること。納得すること。

5 逆鱗に（　　　）
目上の人を激しく怒らせること。

6 上前を（　　　）

他人に取り次ぐ代金の一部を
かすめ取ること。

7 途方に（　　　）

どうしたらよいかわからず、
困り果てる。

8 舌鼓《したつづみ》を（　　　）

食べ物のおいしさに
舌を鳴らすこと。

9 的を（　　　）

物事の核心を突くこと。要点を摑むこと。

10 固唾《かたず》を（　　　）

事の成り行きが気がかりで
息をこらす様。

1 墓穴を（掘る）

2 路頭に（迷う）

3 悪態を（つく）

4 合点が（いく）

5 逆鱗に（触れる）

6 上前を（はねる・取る）
※「上前をかすめる」は誤用

7 途方に（暮れる）

8 舌鼓を（打つ）

9 的を（射る）
※「的を得る」は誤用

10 固唾を（呑む）

第二章　大和言葉と漢字の出会い

ふたつの万葉仮名——音にあてる、意味にあてる

日本語にとって最も大きなターニングポイントは、一世紀頃の中国からの漢字の流入です。日本人は漢字を活用して万葉仮名を生み出しました。

万葉仮名は、話し言葉でしかなかった大和言葉を表記するために用いられた漢字のことですが、その使い方には大きく二種類ありました。

ひとつは、大和言葉の「音」に漢字をあてる「音字《おんじ》」。そして、もうひとつは、漢字のなかから大和言葉と似た意味を探し、そこにあてて用いる「正訓字《せいくんじ》」というものです。

ここではひとつ例として、歴史学者の佐佐木隆さん（一九五一〜）の著書『万葉歌を解読する』の中にも取り上げられている、額田王《ぬかたのおおきみ》（生没年不詳）の歌の書き下し文を引用してみます。

あかねさす　紫野《むらさきの》行《ゆ》き　標野《しめの》行《ゆ》き　野守《のもり》は見《み》ずや　君《きみ》が袖《そで》振《ふ》る

この歌を現代語訳すると、

紫草が茂る野を歩いたり、立ち入ってはいけない御料地に入ったりしながら、
あなたが（私に向かって）袖を振っているのを野の番人に見つからないでしょうか

という意味になりますが、これに対して答えた大海人皇子《おおあまのおうじ》の歌が次のようなものです。

紫草《むらさき》の　にほへる妹《いも》を　憎《にく》くあらば　人妻《ひとづま》ゆゑに　われ恋《こ》ひめやも

この歌の現代語訳は次のようになります。

紫草のように美しいあなたを私が、憎く思っているならば、人妻だと知りながら
恋することなどありましょうか（嫌ではないから慕っているのです）

そして、これらの原文は次のようになっています。

茜草指　武良前野逝　標野行　野守者不見哉　君之袖布流

紫草能　尓保敝類妹乎　尓苦久有者　人嬬故尓　吾恋目八方

額田王の歌のほうは、ほとんどが正訓字によって表記されていますが、「むらさき」については「紫」ではなく、音の「むら」にあてた「武良」と表記されており、「振る」も「布流」と音字で表記されています。そして、「紫」の「さき」にあてた「前」は、「先」の意味で、音を表すために用いた「借訓字《しゃっくんじ》」です。私たちは「むらさき」と言うと、今は紫色の「紫」を思い浮かべますが、ここでは一字一字、音で漢字をあてて表記しているわけですね。

これに対し、大海人皇子の歌のほうは、「の」は「能」、「にほへる」は「尓保敝類」、「にくく」は「尓苦久」と、音字が多くなっています。

『万葉集』はすべてこの万葉仮名で書かれています。このような文章を読んで解釈することを「訓《くん》じる」「訓《よ》む」と言いますが、その解釈は必ずしもひとつではありません。たとえば、『万葉集』の中に収められた柿本人麻呂《かきのもとのひとまろ》（生没年不詳）の有名な歌にこういうものがあります。

東《ひむがし》の野《の》に炎《かぎろひ》の立《た》つ見《み》えてかへり見《み》すれば月傾《つきかたぶ》きぬ

これの原文は次のように表記されています。

東野炎立所見而反見為者月西渡

この訓み下し文は、江戸時代の国学者、歌人の賀茂真淵《かものまぶち》（一六九七〜一七六九）が編み出したもので、それ以前は、「あづま野のけぶりの立てる所見てかへり見すれば月傾きぬ」と訓み下されていました。これについて、佐佐木隆さんは『万葉歌を解読する』の中で次のように述べています。

一般的には、上代の〈東〉という字は、写本にあるように『あづま』とも訓めるし、真淵のように『ひむがし』とも訓める。〈炎〉には、これを『けぶり』に用いた実例も『かぎろひ』に用いた実例も、ともに『万葉集』にある。

つまり、音をあてて読んでいるのではなく、「月西渡」についても「月が西に傾いた」という意味を表しているので、これはもしかしたら完全な唯一解ではないということになるわけです。一音一音あてている音字ではなく、意味をとってあてているだけなので、このほかの読み方の可能性も十分にあるのです。当時の人はおそらくこう訓んでいたのではないかというさまざまな解釈のひとつにしかすぎません。

当時の日本人が、漢字をどのようにして取り入れていったのか、その苦労は、これら『万葉集』の歌を読むと、切々と伝わってきます。

『万葉集』の真の魅力

書き言葉を持たない時代の日本人は、心の内に止みがたく表現したいものが湧き上がってきても、それを文字にして残すことはできなかった。それがようやく文字を手に入れて、さあ、どうやって表すかとなったときに、一音一音あてるのか、それとも意味をあてるのか、この二種類のアプローチのどちらをどう用いるのかということに、きっと先人たちは頭を悩ませたことでしょう。『万葉集』に収められた歌は、こうした当時の人たちの苦労、工夫によってできています。

現代に生きる私たちは、これらの歌を漢字仮名交じり文で表記し、読むことに慣れてしまっています。そのため、最初から『万葉集』はそのような表記で書かれていたのではないかと思いがちですが、漢字だけで書かれた元の表記を見ると、日本語のたどってきた長い道のり、その運命に感嘆せずにはいられません。ここから古代人が仮名を生み出し、苦心の末に現代の日本語を形成していったのだという事実に心を動かされない人がいるとしたら、それは感性に欠けていると言っても差し支えないでしょう。

自分たちの胸にたまった思いや話し言葉を書き記すことができる、書き留めておくことができるとわかったときの喜びと、それに伴う苦労がどれほどのものだったか。『万葉集』にはそうした先人たちの熱い思いが詰まっています。『万葉集』の真の魅力は、現代語訳や書き下し文ばかりでなく、原文を読むことではじめて知ることができるものなのです。

感情を継承するための言葉

かつての名文家たちが詠んだ歌の中には、一人ひとりの豊かな感情、その瞬間に胸に湧き上がってどうしようもない思いが凝縮されているようなものが多数あります。

有名な防人《さきもり》の歌も、詠み人の思いがありありと浮かび上がってくる素晴らしい歌です。自分が防人として赴任しなければならない、その憂いを歌ったものもあれば、防人として里を離れてゆく息子を前にして頭を撫でてやりながら幸あれと祈る歌もあります。なかでも私が心を打たれたのは、遠く離れてしまう恋人への恋慕の情を歌った狭野弟上娘子《さののおとがみのおとめ》（生没年不詳）の、情熱的な歌です。

君《きみ》が行《ゆ》く　道《みち》の長手《ながて》を繰《く》り畳《たた》ね　焼《や》き滅《ほろ》ぼさむ　天《あめ》の火《ひ》もがも

この歌を現代語訳すると次のようになります。

流罪になった恋人の行く道を折り畳んで焼き滅ぼしてしまうような天の火がほしい

現代に生きる私たちから見ても、非常にオリジナリティのある強い表現だと思いませんか？　誰に教わるのでもなく、このような情感あふれる言葉がこの女性の心に湧き上がった。それを書き残したことによって、この素晴らしい感性は女性一人の心のうちに隠されたものではなく、その後、数百年先の日本人の心も震わせ、継承されてゆくことになったのです。

この「感情を継承する」という行為こそが、私たちが日本語を学び、書き残してゆくことの重要な意義なのです。感情や感覚というものは、湧き起こってはすぐに消えてしまうもの。自分が昨日の朝、どんな感情を抱いていたか、ということを思い起こそうとしてもすでにおぼろげなのですから、ましてや一年前、一〇年前に自分が抱いていた感情などは、よっぽどショッキングな出来事や自分の人生を変えてしまうような事件でもない限り、まず思い出せないでしょう。

しかしながら、もしもあなたが日々の出来事を日記として書き残していたり、その時々に湧き上がった感情を歌として詠んでいたら、あなたの刹那的な心の動きは、しっかり未来へと継承され、場合によってはあなたの子どもや孫、その先の日本人たちにも共有することができるのです。事実、時代を超えて私たちが『万葉集』を読むことができるのも、先人たちのそうした記録のお陰なのです。

未来に言葉を残したいという世界共通の心

このようなことは日本語だけでなく、世界各国の言語においても起こってきました。たとえば世界最古の物語のひとつと伝えられている、『ギルガメシュ叙事詩』というものがあります。これは五〇〇〇年以上前に、現在のイラクとシリアにあたるメソポタミアで粘土板に記された物語です。最初にこの物語を語ったのはシュメール人で、タイトルになっている「ギルガメシュ」というのはシュメール人の王の名です。

これは、ルドミラ・ゼーマンさんという方の絵と言葉でかかれた『ギルガメシュ王ものがたり』という絵本としても刊行されています。とても美しくわかりやすいので機会があったら読んで頂きたいのですが、この絵本は三部作になっており、『ギルガメシュ王さいごの旅』という三巻目には、ノアの方舟の元になったような話が載っています。

ノアの方舟は旧約聖書に記された有名な話なので、私たちは聖書の記述が最古の話だと思いがちです。ところが、実は楔形文字で書かれたシュメールの物語のほうが古く、これが大元となって、旧約聖書へと物語が流入したことがわかっています。

実際、『ギルガメシュ叙事詩』には、この世界にある物語の主要な要素がほとんど詰まっているとさえ言われています。しかし、発見された当初は、この楔形文字で書かれた物語の意味をすぐに理解できる人はいませんでした。それを時間をかけて少しずつ解読していった結果、現代の私たちにも読める文章として本が刊行されるまでになったというわけです。紀元前一五五〇年から紀元前一二〇〇年頃までギリシャ本土やクレタ島で使われていた文字である線文字Bや、古代エジプトで使われていたエジプト文字のひとつであるヒエログリフなどもそうですが、かつてこの地球で文明を築いた古代人たちが用いた謎多き言語を解読し、時空を超えてそこに書かれたメッセージを理解することができたときの喜びは、はかりしれないものでしょう。解読を成し遂げた当事者たちからすれば、まるでシュメール人が蘇ったようにすら思えたかもしれません。

紀元前三〇〇〇年頃に成立したメソポタミア文明は、さまざまなものを生み出しました。灌漑や車輪、最初の法典である『ハンムラビ法典』、六〇分を一時間とする六〇進法もそうです。しかしなにより大きな功績は、楔形文字を生み出し、言葉や感情や出来事など、それまで書き留めることのできなかったものを記録し、未来へと伝達できるようにしたことでしょう。このメソポタミア文明を生きた人々にとっての楔形文字の役割を果たしているのが、私たちでいうところの漢字、万葉仮名というわけです。

賀茂真淵と本居宣長が繋いだバトン

舞台を日本に戻しましょう。漢字で書かれた日本の文献の中でも初期の代表的なものが『古事記』(七一二)です。現在では『古事記』を日本最初の書物とする定説は誤りで、正しくはもう少し後の時代の書物なのではないかと主張する研究者もいますが、とにかく『古事記』が日本語として最初期の書物であることは間違いありません。

しかし、そこに書かれている言葉は漢文かというと、そうではありません。漢字だけで書かれているので、一見したところ中国語のようではあるのですが、読み上げてみると紛れもない日本語なのです。ただ、それを当時の日本人がどう音読していたのかがわからないというのが問題でした。

その謎を解き明かすべく『古事記伝』を書いた江戸時代の国学者・本居宣長(一七三〇～一八〇一)は、非常に苦心して「たぶんこうだったのではないか」と訓み下しの作業をしたのです。「乾坤」と書いて「あめつち」と読む、といったように、推測に次ぐ推測を重ねていった末に私たちが教科書で目にするような現在の解釈に落ち着いたわけです。

本居宣長が『古事記』を研究するにあたって、こんな逸話が残されています。あるとき宣長は、賀茂真淵が自身の住む今の三重県松阪(松坂)へやってきたという情報を耳にします。当時の宣長はまだ三〇歳そこそこ。一方の真淵は七〇代に差し掛かった大御所でした。宣長はぜひともこの大先生に会いたいと必死に探した末に、宿泊先をやっとつきとめました。二人で話をする中で、宣長は真淵にこう告げます。

「私はかねてより『古事記』を研究したいと思っております。それについて、何かご注意くださることはありますか」

するとと真淵はこう答えたそうです。

「それはよいところに気がつきました。私も実は我が国の古代精神を知りたいという希望から『古事記』を研究しようと思ったのだが、どうも古い言葉がよくわからないと十分なことはできない。古い言葉を調べるのに一番よいのは『万葉集』です。そこでまず、順序として『万葉集』の研究を始めたところ、いつの間にか年をとってしまって、『古事記』にまで手を延ばすことができなくなってしまいました。あなたはまだお若いから、しっかり努力なさったら、きっとこの研究を大成することができるでしょう。本当に日本語というものを探りたいのであれば、『古事記』をおやりなさい」

二人が顔を合わせたのは、この一夜だけだったのですが、これを機に彼は『古事記』を通して日本語を学んでいくことを決意し、『古事記』研究に人生を捧げることを誓ったといいます。ところが、いざ始めてみると、これが全然読み方がわからない。何しろ、上代から江戸時代までほとんど研究されずに放置されてきた古文書ですから、疑問が生じても、助言を与えてくれるような研究者は周りにいません。できることなら上代にさかのぼって編纂者とされている稗田阿礼《ひえだのあれ》（生没年不詳）や太安万侶《おおのやすまろ》（?～七二三）に会って聞きたいとさえ思うけれども、それはもちろん叶わない。そうなると、さまざまな資料から推測するしかないわけです。しかも、資料といっても、それほど豊富にあるわけではないですから、わからない部分は自分で穴埋めをし、推測していくことになります。

それは言うなれば、土に埋もれた古代の遺跡を発掘し、欠損箇所を修復して蘇らせるような途方もない作業です。私たちが『古事記』の内容を何不自由なく理解できるのは、その前段として『万葉集』の研究に半生を捧げた賀茂真淵と、続いてその意志を引き継いで『古事記』の研究を行った本居宣長のお陰なのです。

一度は打ち捨てられ、時の風雪に朽ちようとしていた文献に価値を見出し、その復旧作業を担ったこの二人は、日本語の運命を大きく変えた偉人です。

二人の運命的な出会いは、佐佐木信綱（一八七二～一九六三）によって「松阪（坂）の一夜」として文章化され、戦前の『尋常小学国語読本』に掲載されて、日本中の小学生が音読していました。国語教科書の品格を感じます。

仮名文字の誕生

『古事記』のような変体漢文を主体とした文書に比べると、平安時代の紫式部（九七〇？～一〇一六？）や清少納言（九六六？～一〇二五？）の書き残した作品は、基本的に仮名で書かれているため、格段に読みやすくなっています。彼女たちが駆使したこの仮名文字こそが、万葉仮名に続く日本語の第二のターニングポイントです。

私はNHK Eテレで放送されている『にほんごであそぼ』という番組の総合指導を二〇〇三年から担当していますが、『枕草子』の有名な一文、「春はあけぼの。やうやう白くなりゆく山ぎは少し明りて」を幼児たちに復唱してもらうと、あることに気づかされます。

驚くことに、まだひらがなやカタカナも覚えていない未就学児でも、清少納言が書き残したこの一節はすらすらと復唱できてしまうことが度々あるのです。しかも、なかにはこの一節の大まかな意味を理解できてしまうお子さんもいるではないですか。私はこの時ほど、仮名文字の力を思い知らされたことはありません。『枕草子』のやわらかく、わかりやすい表現は、仮名文字あってのものです。

何通りもの読み方がある漢字と異なり、読み間違えようのない仮名文字を発明したこと。これによって、日本人は『古事記』のような伝達の断絶に見舞われるリスクを軽減し、より自由に、確実に感情や思想、体験や記憶を文献に書き残すことを可能としたのです。

仮名文字が日本語にもたらした最も画期的な変化は、音と文字を一対一対応で記録できるようになったことです。仮名をどう読むのか迷う人はいません。万葉仮名にも一音に漢字一文字をあてる方法はもちろんありますが、「日本」と表記した際に、「にほん」と読むのか、あるいは「にっぽん」と読むのかは文脈や書き手の意図に委ねられます。一方で仮名の場合は、「二」の音には「に」という文字がひとつだけあてられるため、より簡便で誤読のリスクもありません。つまり、音に従ってそれに当てはまる文字を表記できる仮名が生まれたことにより、話し言葉（音）と書き言葉（文章）の断絶はなくなり、表現が地続きとなったのです（ただし、前述したように言文一致体の文章が一般的になるのは、仮名文字の発明からかなり後になってからではあります）。

こうして仮名文字を得たことによって、平安時代の人々は、漢字を使うところでは漢字を熟語として使い、あとは大和言葉やひらがなを用いて文章を書くという、現代とほぼ同じ作文ルールを確立させました。

しかし、当時の知識人の間には「漢字崇拝」がありました。男性はものを書くときは、教養としてすべて漢文調で書かなくてはならないという伝統が、その後も延々と続いていったのです。

紀貫之（八六六？〜九四五？）が『土佐日記』で「男もすなる日記といふものを女もしてみむとてするなり（男が書く日記というものを、女の自分も始めてみました）」と書いたのは、視点を女の立場に置きたかったからというよりは、「通常は漢字で書くべき日記を、女の文調である仮名交じり文で書いてみますよ」という実験でした。いわゆる、和漢混淆文《わかんこんこうぶん》というものです。漢文ではなく、和のものを、大和言葉とひらがなを交えて書く、これが『土佐日記』の面白さなのです。当時はそのスタイルで男性が書くということは、まだ違和感をもって捉えられていたので、紀貫之は女の人に仮託して書いたのです。紀貫之がこれほどまでに婉曲的な表現をしなければならなかったほどに、当時の社会では漢字崇拝が深く根付いていたのでしょう。

男性と比較すると、当時の女性たちは漢学を徹底的に勉強することもなかったので、自然と仮名を用いるようになっていきます。よって仮名は女文字といわれており、一段下に見られていました。ところが、この「一段下」の仮名文字が、『源氏物語』『枕草子』という、後の世まで誰も乗り越えることが不可能なほどハイレベルな文学作品を、この時代に生んだのでした。

『源氏物語』という大山脈

川端康成（一八九九～一九七二）は、一九六八年にノーベル文学賞を受賞した際、その受賞のスピーチの中で「これは乗り越えることが難しい」と『源氏物語』を大変高く評価しています。また国文学者であり、民俗学の権威でもある折口信夫《おりくちしのぶ》（一八八七～一九五三）も、その評論「反省の文学源氏物語」の中で「此だけの大きさを持った人間を書き得た人は、過去の日本の小説家には、他に見当たらない」と作者である紫式部の力量を賞賛しています。川端康成も折口信夫も、私たちからすればすでに「乗り越えることが難しい」レベルの偉大な文学者ですが、その彼らですら手放しで絶賛するしかない作品が、仮名が生まれて間もない時代に生みだされていたということです。

ドナルド・キーンさんも若い頃に『源氏物語』の英訳をアメリカで読み、こんなに素晴らしい文学があるのかと驚いたことをきっかけに日本語研究の道に入ったのだと言います。日本の文学者のみならず、異国の文化で生まれ育った方にまでこれほどの影響を及ぼしてしまうのですから、『源氏物語』おそるべしです。

『源氏物語』なんて学校の授業でほんの一部しか読んだことがないよ、という方は、ぜひ第一巻だけでも再読してみてください。男女のやりとりや心の痛み、社会の中で女性がどういう立場にあったのかということを実に細やかに描写する筆力と、複雑に入り組んだ人間関係をドラマチックに描いてみせる構成力に感嘆するはずです。不義や不倫や母恋といった現代にも通じる普遍的なテーマを配しながら、光源氏という一人の人物を通して、壮大な運命を描く物語。紫式部は仮名文字を巧みに用いることによって、それを見事に表現してみせました。

この時代には紫式部と清少納言の二人が巨頭として活躍していたわけですが、二人は、ともに幼少期から漢文の素養を身につけていたという共通点があります。前項でも触れましたが、これは当時の女性としては非常に珍しいことです。

紫式部は『源氏物語』を中唐期の詩人である白居易が残した文章に倣って書いていますし、清少納言も中宮に「香炉峰《こうろほう》の雪は」と言われた際に、簾《すだれ》をさっと上げたという逸話が残されています。これは、清少納言と中宮が、白居易の「香炉峰の雪は簾をかかげて看る」という一節を互いに知っており、深い教養のもとに通じ合ったということを意味しています。

この清少納言の逸話からも、当時の貴族の社会、王宮がある程度の漢文の教養を前提として成り立っていたことをうかがい知ることができます。事実、当時の貴族たちは、平安時代中期の歌人・藤原公任（九六六～一〇四一）が手掛けた朗詠のための詩文集『和漢朗詠集』などを読みこみ、暗唱していたといいます。

また、『源氏物語』が優れていることを証明するものに、現代語訳の幅の広さ、すなわち解釈の多様性があります。これまで、たくさんの文学者や作家がこの古典作品を現代語訳してきましたが、それぞれに訳者の個性が色濃く現れていてその読み味は驚くほど多様です。古くは与謝野晶子（一八七八～一九四二）が非常に良い訳を残していますし、谷崎潤一郎（一八八六～一九六五）も訳しています。

それらの現代語訳を読んだあとに、改めて原文を音読してみると、もうこの日本語は一文字たりとも替えようがないということに気づかされます。シェイクスピア（一五六四～一六一六）の文章も、ピラミッドのようにひとつ単語を替えるだけで完璧なバランスが崩れてしまうほどの名文とされていますが、『源氏物語』にも同様に言えることです。

数世紀の時を経た現在もなお朽ちず、多くの読者の心を震わせるだけの普遍性をそなえているからこそ、その現代語訳は訳者によって多様に形を変えることができるのでしょう。ここで重要なのは、訳の味わいがそれぞれ異なるにもかかわらず、『源氏物語』が有する文学的魅力は損なわれることなく、確固たる魂が訳文に受け継がれていることです。最高級の素材は料理人を選ばない、とでも言いましょうか。個性豊かな後世の文豪たちの手で捌かれ、時流に即した言葉に置き換えられようと、物語が持つ強靱さは決して損なわれない。それを可能としたのが、紫式部の深い教養と類まれな文学的センスというわけです。

翻訳が広げた言語の裾野

『源氏物語』のように、優れた古典作品を後世の研究者や作家たちが各々の時代の言葉に置き換え、継承していく作業は世界中で行われてきました。それは自国の古語の現代語訳であることもあれば、異国の言語の翻訳であることもあるでしょう。そしてそれらの文学的な継承と伝達行為は、その土地の言語の裾野を大きく広げることに寄与しました。

その最たる例が、ドイツの神学者であるマルティン・ルター（一四八三〜一五四六）の聖書翻訳でしょう。かつて、聖書は原典のギリシャ語やラテン語訳が教会に安置されているだけで、一般人には読めず、そもそも閲覧することすらできないものでした。ルターは、それを誰もが読めるように話し言葉のような親しみやすい響きのドイツ語へと翻訳しました。

それまで、ドイツ国内では各地で方言が使われており、標準ドイツ語と呼べるものが存在していませんでしたが、ルターの翻訳したこの聖書が活版印刷によって瞬く間に国内に流通することで広く浸透しました。分断していたドイツ語は統一され、後の作家たちもルターの標準ドイツ語を規範として優れた作品を生み出していったのです。

その後、ゲーテ（一七四九〜一八三二）のような大文豪がドイツ語で優れた文学作品を残し、人々は『若きウェルテルの悩み』や『ファウスト』を読み、また詩を暗唱し、ドイツ語が発展していきました。その果てにカント（一七二四〜一八〇四）やヘーゲル（一七七〇〜一八三一）、ニーチェ（一八四四〜一九〇〇）やハイデッガー（一八八九〜一九七六）といった歴史に名を残す哲学者たちが連なっていることは言うまでもありません。

つまり言語とは、天才的な文才を持つ一人の作家と、それを後世へと伝えようとした後継者、そして彼らの残した作品を手に取り、心に刻む大衆たちによって受け継がれてきた文化財です。そのどれかひとつでも欠けてしまえば、たちまち優れた古典は埋もれ、廃れ、忘れ去られてしまうでしょう。そのような意味では、一部の天才や学者たちだけに任せていて良いはずはありません。私たち一人ひとりが、優れた古典に触れる心を持ち続け、それらを理解することを怠ってはいけないのです。

しかし、残念ながら現在、漢文を楽しむ人が減ってきています。まずは、一見難解な古語の美しさを知ることが重要です。なにも原文をいきなり読めとは言いません。先述したように、私たちの周りには優れた作家たちが残した古典の現代語訳がいくつもあります。まずは少しでもシンパシーを感じる作家の訳文を読んでみてください。そこには、あなたが今使っている日本語と地続きの美しい言葉が、宝石のようにちりばめられていることに気づかされるはずです。

『平家物語』の魅力は音読すればわかる！

古文に馴染むための方法として、もう少し実践的なことをお伝えしておきましょう。

私が小学生に古文を教える際にやることはとてもシンプルです。まずは短いものを現代語訳で読み上げます。ここで重要なのは、現代語訳を音読した後で、すぐに原文をみんなで音読することです。

「いつの世のときであったことでしょうか」と読んだら、「いづれの御時にか」と読む。

そんな具合です。そのようにして少しずつ現代語訳、原文両方を音読していきます。それをしばらく続けていると自然と古文が体に馴染んでくるのが実感できるはずです。

この学習法の面白い点は、現代語訳と比較しながら音読することで、原文の音としての美しさを身をもって知ることができることです。

たとえば、『平家物語』の有名な那須与一《なすのよいち》の場面などは、まず現代語で読んでから「与一、鏑《かぶら》を取つてつがひ、よつ引《ぴ》いてひやうど放つ。小兵といふぢやう、十二束三伏《そくみつぶせ》、弓は強し」と原文をみんなで音読する。そして、子どもたちに「どちらが音読していて気持ちよかった？」と尋ねてみると、その場にいた二〇〇人全員が「原文のほうがいい」と答えるのだから驚かされます。

私はこれまでに、幾度となく小学生を相手にこの実験をしてきましたが、古文の知識がまだそれほどない彼らでも、音読してみると感覚的に優れた文章の美しさを理解できるという事実にいつも励まされます。その感性こそが、日本語を埋没から救う希望であり、私たち国語に携わる人間が守っていかなければならないものだと思うのです。

一方で、これらの優れた古典作品を外国人の方に音読してもらう場合はどうでしょうか？　私は実際に試してみたこともありますが、日本語にそれほど馴染んでいない外国の方に同様の実験をした場合、原文のほうを選ぶとは限りませんでした。日本語の美しさを感じ取るには、それなりに日本語を使った経験が必要なのでしょう。そういう意味でも、まずはネイティブスピーカーである私たち自身が、この国の古典に対して自覚的に責任をもつべきなのです。

しかし、なぜこれほどまでに私たちは、理解しやすい現代語訳ではなく、原文に心を動かされてしまうのでしょうか？　小学生に古文を教えながら、私はずいぶんこの謎について考え続けてきました。そして、自分でも何度も音読し、目と口と耳、そして脳でふたつの文章をテイスティングしてみた結果、発見したのは「現代語訳の緩さ」でした。

授業に参加した小学生には、私が現代語訳した文章を音読してもらったわけですが、私の日本語というのは置き換えが可能であり、表現としてはいささか緩い傾向にあります。つまり、限られた文字数の中で、非常に鋭く研ぎ澄まされた原文の言葉選びと比較すると、意味はずれていないものの、音としての美しさは明らかに劣っているわけです。前述した『源氏物語』もそうですが、『平家物語』もピラミッドの石のように計算されつくした言葉の連なりによって完成された古典作品です。しかも、こちらは琵琶法師によって平曲《へいきょく》で広められてきたわけですから、より語りに適した、リズミカルな文章となっています。

古来、人の口から口へと伝承され、磨き上げられてきた原文と、その意味だけを掬い上げて言葉を置き換えた私の現代語訳。前者が圧倒的に普遍的な美しい音の響きを有していることは言うまでもなく、だからこそ意味を深く理解できずとも小学生たちの心を惹きつけるのでしょう。ここで、私が特に美しいと感じている一節を引用してみましょう。この本を読んでいる今、あなたの周りに人がいなければ、こっそり音読してみてください。

小兵《こひょう》といふぢや《うじょ》う、十二束三伏《じゅうにそくみつぶせ》、弓《ゆみ》は強《つよ》し
浦《うら》ひびく程長《ほどなが》鳴《な》りして、あやまたず扇《おうぎ》のかなめぎは《わ》一寸《いっすん》ばかりおいて、
ひィふつとぞ射切《いき》ッたる

いかがですか？　音読してみた方はおわかりだと思いますが、この文章の中で特に力強く口元に残るのが、「ひィふつとぞ射切ッたる」という一節です。この文章では、係り結びが言葉の力強さ、音の力強さをグッと増す役割を担っています。

ご存じの通り、係り結びとは、通常、終止形か命令形になる文末の単語が、文中に係り助詞が入ることによって連体形や已然形《いぜんけい》に変化する法則です。ここでは、文中の「ぞ」を

受けて、文末が連体形の「たる」で結ばれている。これは強調を意味する係り結びなので、音読した際に口元に残る力強さもこの文法効果によるものなのです。

係り結びの文法は、日本人なら学生時代に習う方が多いわけですが、自覚的にその力強さを体験したことがある人は少ないかもしれません。しかし、こうして文法の意味と意図を理解した上で、音読してみると計算されつくした日本語のシステムとその美しさに気づかされることでしょう。

『平家物語』は、係り結びの連続です。「扇は空へぞ上がりける」という一節も同様に「ぞ〜ける」という強調の係り結びとなっています。普通に「扇が空へ舞い上がりました」とするよりも、「ぞ」と「ける」による強調で文章にリズムをつけたほうが音読している人はもちろん、それを聞いている側も気持ちが高まりますよね。

娯楽文学としての『平家物語』

先述したように、もともと『平家物語』は、琵琶法師が暗唱して語り継いでいたものを後に文字にした作品です。実は私も以前、琵琶法師が暗唱している本格派の音源を聞いたことがあるのですが、想像していたよりも遥かに語りのテンポが遅く、驚かされたものです。しかし考えてみれば、『平家物語』は平家の盛衰を描いた作品。意気揚々と語られるよりは、ゆったりと歌うように語られたほうが、平家の亡霊たちの鎮魂には合っているのかもしれません。

紫式部が「文章」として綴った『源氏物語』と、琵琶法師による「語り」を元にする『平家物語』。このふたつの文学作品を比較し、日本語としての完成度が高いのはどちらなのかと問われることが時々ありますが、これは実に悩ましい。しかし確かなのは、『源氏物語』が一読して意味が取りにくいのに対して、『平家物語』は漢字と熟語、そして大和言葉が絶妙なバランスで折り合っていて、意味が取りやすい。さらに、文章のリズムも軽妙で、描かれるテーマは「平家の滅亡」という壮大かつドラマチックな戦記物。人の心の移ろいや儚さといった心理的な描写をつぶさに描いてみせた『源氏物語』と比較すると、『平家物語』の合戦場面などは派手で目を引きます。

たとえば『平家物語』の中の「敦盛の最期」なども実にドラマチックな章です。

この話の中で、主人公である熊谷次郎直実《くまがいじろうなおざね》は、平経盛の息子である平敦盛の首を取るチャンスに恵まれます。しかし、直実は、敵方とは言え、まだ少年である敦盛の命を奪うことに躊躇する。すると敦盛のほうが、「とくとく首を取れ」、つまり「さっさと私の首を取れ」と気丈に言い放ちます。ついに直実は腹を決め、若き平氏をその手にかけるわけですが、彼はその後ついに出家してしまうんですね。

単純な戦記物語であれば、憎き敵を打ち取り、めでたしめでたしで終えてしまってもよさそうなものを、『平家物語』では気高い敵方に対する敬意の心や、大義のためとはいえ若き命を手にかけてしまった男の苦悩までをもリアルに描写している。

戦乱の中にあっても、人の心は絶えず揺らぎ、迷うのだということを読む者、聞く者に説いているようでもあります。このように、現代に生きる私たちが読んでも共感できるほどに普遍的で本質的な物語が詰めこまれていることが『平家物語』の最大の魅力です。

また、『平家物語』を読んでいると、現代の大衆文学を読んでいるときに抱くような感覚を覚えることも多々あります。たとえば「壇ノ浦（安徳天皇の入水）」の章は、悲劇の物語として知られていますが、冷静に読んでみるとところどころに史実を基にしたフィクションであるがゆえのツッコミどころが見つかります。

この章では、壇ノ浦で源氏軍に敗れ、後がなくなった平氏側の最後が描かれるわけですが、ここで当時八歳だった安徳天皇を抱いて入水する二位の尼（平時子《たいらのときこ》）の行動は控えめに言ってもかなりひどい。彼女は外孫である幼き天皇とともに、三種の神器の草薙剣《くさなぎのつるぎ》と八尺瓊勾玉《やさかにのまがたま》までもを抱えて入水します。

天皇ばかりでなく、なぜ神器まで海に沈めようとしたのかというと、天皇の即位のためには神器の継承が必要とされていたからであり、つまり二位の尼は源氏方に新たな天皇を即位させせないための最後の悪あがきとしてこのような行為に及んだわけです。

それにしても、この物語を読んでいる側からすると「自分の一存で天皇と入水した上に、神器まで沈めちゃダメでしょ！」と思わずツッコミを入れてしまいたくなります。

このように、古典でありながら、物語の醍醐味である余白や解釈の余地がきちんと残されているのも、『源氏物語』や『平家物語』が時代を超えて愛され続けている理由のひとつでしょう。これらの大作を読んでいると、真に優れた物語とは、神棚に置かれて拝まれるような高尚なものである必要はなく、取っつきやすく、きちんと読者を楽しませてくれるものなのだと感心させられます。

しかし、どれだけ『平家物語』の魅力を分析し、解き明かしたところで、あのような大作を今の時代に書けるかと言うとそれは難しいでしょう。まず、『平家物語』の最大の強みは「史実に基づいたフィクションである」という点にあります。

つまり、この作品は源平の争いという日本の在り方を左右する壮大な史実なくして、生まれなかった物語なのです。どれだけ文学的な技巧を磨こうと、題材がそれに見合うものでなければ作品は輝きません。極上の素材があって初めて、一流の腕と最高級の調理器具は真価を発揮できるのです。そのような観点からいうと、現実的に考えて『平家物語』級の歴史を揺るがす大事件が現代に起こり得るかというと、これはちょっと難しい。

『平家物語』は、文学作品であると同時に、この国の「ある重要な時期」について記述した優れた記録でもあるのです。ビデオカメラやフィルムカメラがなかった時代だからこそ、当時の人々は「後世に伝えたい」という熱意をすべて、「文学」という形で残すことができました。しかし現代では、仮に歴史を揺るがす出来事が起こっても合理性の面から言葉ではなく映像で残そうとする人がほとんどでしょう。そのような点から言っても、『平家物語』はこの時代にしか生み出しえなかった奇跡の文学作品であり、それと同時に生まれるべくして生まれた古典作品といえるのです。

名文血肉化のすすめ

『源氏物語』や『平家物語』に匹敵する文学作品は、この先もなかなか生まれない。これらの優れた古典は現代人がきちんと継承し、先人から受け継いだ遺産として後世へとつないでいかなければ、原文を楽しむ人が減り続けてしまいます。私が口を酸っぱくして古典作品の継承を叫ぶのも、子どもたちに対して工夫をこらして古典の魅力を伝えようとしているのも、そんな思いがあるからなのです。

長年にわたって古典の継承をライフワークとしてきた甲斐があってか、最近は「古典は聞いていると心地いいんですね」と気づいてくださる方が少しずつ増えてきました。

さらに、私の授業を子どもの頃に受けてくれた方の中には、古典の面白さを体で覚え続けているという方も出てきています。幼い頃から『平家物語』を音読していると、これが不思議なもので古典に対するアレルギー反応が一切なくなるようなのです。

これは、九九にたとえると理解しやすいかもしれません。多くの人は、小学二年生で九九を必死になって暗記しますよね。当時は「こんなに覚えられないよ！　九九なんてなくなってしまえばいいのに！」と弱音を吐いてしまった人もいるかもしれませんが、大人になった今、九九を「嫌いだ」という人に出会ったことがありますか？

おそらくそんな人は滅多にいないはず。それは、多くの人にとって九九そのものが「暗唱できて当たり前の知識」として血肉化しているからであり、好き嫌いで判断するようなものではなくなってしまっているからなのです。それと同じことが、古典においても起こる。これは私にとってうれしい発見であり、ひとつの希望でもありました。

自分が暗唱できているものを嫌いになるということは、ほとんどありません。なぜなら、もうそれは自分の一部になってしまっているから。誰もが実は密かに自分のことは大好きです。ですから、自分が覚えているものも、やはり好きになってしまうのですね。

食べ物でも同じことが言えるでしょう。たとえばテレビのバラエティ番組に『カミングアウトバラエティ!!秘密のケンミンSHOW』(日本テレビ系列)というものがありますが、あれを見ているとよくわかります。「この味が最高」という感覚は、それぞれの出身地によって全然違ってくるんですね。「ほかの県では皆さん、これは食べないんですよ」と言うと、幼稚園児が「えぇー!」と驚くお決まりのコーナーもあります。「これを食べているのは○○県の子たちだけです」と言うと、みんなが「えぇ、ウソー」と言う。それは生まれ育った風土によって、個々人の味覚が形成されてしまうからなのでしょう。

おいしいという感覚は、個人的なもののように思われがちですが、実はその地域で幼い頃から食べていたものを、人は「おいしい」と感じるものなのです。

ですから一生の最後に食べたいものを聞くと、故郷のものを食べたいと答える人が多い。私もその典型例です。故郷の静岡の安倍川もちや桜えび、とろろ汁や静岡おでんは定期的に食べたくなりますし、あとはミカンにお茶にメロンと鰻。それさえあれば満足です（おっと、いささか贅沢でしょうか？）。

そのように、人間は幼い頃から馴染んだ環境のなかで体に染みついたものを自然によいと感じるものなのです。ですから私たちは、文学についても、幼い頃から『源氏物語』『平家物語』の美しさを自覚するところから始めるべきでしょう。

『にほんごであそぼ』を始めたきっかけもそこにあります。この番組は、『声に出して読みたい日本語』がベストセラーになったときに、NHKのプロデューサーが「これを幼児向け番組にしたい」と申し出てくれたことで始まった番組で、それ以来、自分たちの子どものようにスタッフと一緒に作ってきたものです。

そもそもの意図がどこにあるかと言えば、日本語の来た道を幼児期からちゃんと繰り返していこう、というその一点に尽きるのです。

ですから、現代の「言葉は意味が通じればよい」と思っている人は、言語の奥深さを知らないと言えるのかもしれません。意味だけであれば、何語を使ってもよいのです。ところが、同じ意味でも言語によって歴史もニュアンスも異なってくるということは、外国語を少しでも学べばわかることです。

日本語がたどってきた運命を知って、同じことを自分の体を通して再現してみる。

こうすることによって、今まで遠ざけてきた遠い時代の日本語も、確実に自身の血肉となって、言語生活を豊かにしてくれる。

私たちはドナルド・キーンさんも羨ましがってくれたような素晴らしい言語を母語として生まれ育っています。その恩恵について、今一度自覚することから始めるべきなのです。

音読で味わう名文 その2◆『源氏物語』桐壺・序

古今東西屈指の名作『源氏物語』の序文です。古文の授業で目にした、あるいは耳にした方も多いのではないでしょうか。学生の頃の気分を思い出しながら読み進めて頂けるように、冒頭部分を抜き出しました。

平安時代、下級貴族の出であった紫式部は、夫の藤原宣孝と早々に死別してしまいます。その哀しみを忘れるために書かれたと伝えられていますが、当時は紙が貴重品で、手に入ったタイミングでその都度書き足していったとされています。

現在、パソコンでいくらでも書き直しができるというのは大変便利なことですが、限られた状況であったからこそこの名文が生まれたのかもしれません。

さて、壮大な物語は、光源氏の母、桐壺更衣《きりつぼのこうい》の境遇を著すところから始まります。キーンさんが惜しみない賞賛を贈った、大和言葉の響きを改めて味わってみてください。

（原文）

いづ《ず》れの御時《おおんとき》にか、女御《にょうご》、更衣《こうい》あまた侍ひ《さぶらい》給ひ《たまい》ける中《なか》に、いとやむ《ん》ごとなき際《きわ》にはあらぬが、すぐれて時《とき》めき給ふ《たまう》ありけり。

初《はじ》めより我《われ》はと思ひ《おもい》上《あ》がり給へ《たまえ》る御方々《おおんかたがた》、めざましき者《もの》におとしめそねみ給ふ《たまう》。同《おな》じほど、それより下臈《げろう》の更衣《こうい》たちは、まして安《やす》からず、朝夕《あさゆう》の宮仕へ《みやづかえ》につけても、人《ひと》の心《こころ》をのみ動《うご》かし、恨《うら》みを負ふ《おう》つもりにやありけむ《ん》、いとあつしくなりゆき、もの心細《こころぼそ》げに里《さと》がちなるを、いよいよ飽《あ》かずあはれ《わ》なるものにおぼほ《お》して、人《ひと》のそしりをもえ憚《はばか》らせ給は《たまわ》ず、世《よ》の例《ためし》にもなりぬべき御《おおん》もてなしなり。上達部《かんだちめ》・上人《うえびと》なども、あいなく目《め》をそばめつつ、いとまばゆき人《ひと》の御《おおん》おぼえなり。

（現代語訳）

どの帝《みかど》のころだったか、女御《にょうご》や更衣《こうい》と呼ばれるたくさんの妃が仕えていた中に、それほど高貴な身分ではない更衣で、帝の寵愛を一身に受けている妃がいた。

自分こそが第一の妃と、自負していた女御たちは、下位の更衣に出し抜かれて、嫉妬のあまりに、さまざまな嫌がらせをした。更衣を見下すことができる上位の女御でさえこの調子だったから、まして同格の更衣やそれより下位の妃たちは、公然たる対抗手段もないまま、いらいらするばかりだった。

帝と過ごす夜の御殿と、自分の部屋の間の往復は、他の妃たちの部屋の前を通らなければならないので、当然、彼女たちの神経はとがった。やがて積もり積もった嫉妬のせいか、更衣は、病気がちで生気をなくし、実家に帰ることが多くなった。そうなればなるで、帝は、いよいよ愛着をつのらせ、周りの忠告も耳に入らない。後世に悪例を残しそうな特別待遇を続けた。妃たちだけでなく、側近の高官たちでさえ、苦々しげに顔をそむけるほどの寵愛ぶりだった。

1 顰蹙《ひんしゅく》を（　　　）
不快感を与えるようなことをして嫌われ、軽蔑されること。

2 溜飲が（　　　）
胸のつかえや不満が解消し、気分が晴れること。

3 口裏を（　　　）
予《あらかじ》め話を通して、言うことが食い違わないようにすること。

4 言葉に（　　　）
言葉では言い尽くせないということ。

5 気心が（　　　）
相手の性格や考え方がよくわかっていること。

6―御託を（　　　）

もったいぶって、くどくどと言いたてる様。

7―不問に（　　　）

過失などをとがめないでおくこと。なかったことにする、とは意味が違う。

8―啖呵を（　　　）

威勢よくまくしたてたり、脅し文句を言ったりすること。

9―窮境に（　　　）

苦しい境遇、立場に立たされること。

10―寸暇を（　　　）

わずかな時間も動くこと、考えることを止めずに没頭すること。

1　顰蹙を（買う）

2　溜飲が（下がる）

3　口裏を（合わせる）

4　言葉に（余る）

5　気心が（知れる）

6　御託を（並べる）

7　不問に（付す）

8　啖呵を（切る）

9　窮境に（陥る）

10　寸暇を（惜しむ）

第三章　世界一〝フレキシブル〟な言葉

天才たちの努力の糧

私はアメリカの作家であるレイモンド・チャンドラー（一八八八〜一九五九）の小説をよく読み返します。チャンドラー作品は、作家の村上春樹さん（一九四九〜）も訳されているのですが、その訳がものすごく丁寧で、主人公のフィリップ・マーロウという探偵の魅力を引き立てています。「村上さんの訳は非常にいいなぁ、素敵だなぁ」と思っているうちに、原文はどうなっているんだろうと気になりはじめるのは外国文学好きの性《さが》。読み比べてみると、原文がこれまた素敵なんですね。

また、私たちは英語のロゴ入りTシャツを着たりしますけれども、あれも英語だからカッコいいというところがあります。たとえば「NO MUSIC, NO LIFE」というフレーズなども、「音楽なしでは人生はありえません」とか「音楽がなかったら人生はないです」と日本語で書かれていたとしたらどうでしょう。締まりがない感じがしませんか。文語体にして「音楽なくして人生なし」としたほうが、まだ締まりますね。

現代日本語というのは、ことほど左様に締まらないところが散見されます。ですから、近代の短歌でも「こよひ逢ふ人みなうつくしき」のように、文語体を使うことが多いのです。そのほうが、ピシッと着地した感じがするからです。逆に言えば、現代日本語というのは、何通りにもフレキシブルに表現できてしまうということです。「もし音楽がなかったとしたら、人生というものもありません」と言うこともできる。意味を合わせるくらいだったらいくらでもできますが、しかし、やはり締まらないことが多いのも事実です。それに比べて「NO MUSIC, NO LIFE」は、なんてカッコいい響きなのかと思いませんか？

シェイクスピアの『ハムレット』の有名な台詞「To be or not to be, that is the question.」もそうです。現代の私たちが読んでも、Tシャツに刷りたくなるほどのカッコよさがあります。「To be or not to be」とは、訳すと「生きるべきか死ぬべきか」「生か死か」、あるいは「このままでいいのか、そうではいけないのか」「あるかあらぬか」など、訳はいくらでもできてしまいます。しかし「To be or not to be」という英文の完璧な羅列を構造上これ以上替えようがあるかと言えば、もはやないですよね。これ以上シンプルでカッコいい表現はない。「that is the question.」と続いて、世界中の人が「完璧だ！」と叫ぶような台詞に仕上がっているのです。

きっと英語を母語とする人のほうがよりこの価値をわかって喜びも大きいと思うのですが、これが文学のよさ、その言語の一番のよさを引き出す力に富んでいるということなのです。シェイクスピアがそこまで英語の可能性を引き上げたという言い方もできます。

スポーツの世界でもそうですが、たとえば野球はそれ自体楽しいスポーツです。小学生がやっても楽しい。しかし、王貞治さんがいて、野茂英雄さんがいて、イチローさんがいて、大谷翔平選手がいる。それは歴史なんですね。その積み重ねがあって今に至っている。イチローがいて初めて大谷翔平がいるのであって、突然、大谷翔平が現れるということはない。なぜなら各時代の天才が可能性を引き上げて未知なる世界を切り拓き、その次の世代がまた次の新たな世界を切り拓き……ということを繰り返していくからです。

テニスの世界でもそうです。ビョルン・ボルグが、テニスの次元を一段引き上げたことがありました。それまでフラットな打法が主流だったところにトップスピンを持ちこみ、あるいは両手打ちのバックハンドを取り入れて、プレースタイルを劇的に変えてしまったのです。それ以来、ほとんどの選手はトップスピンと両手打ちのバックハンドを使うようになりました。一人の天才の出現が、その歴史を大きく変えて次の段階へ可能性を引き上げたということです。

こういった現象は言語でも起こります。どの世界にも可能性を大きく広げた「分岐点」にあたる文章や書物があり、そうしたものを読むことによって「ほう、これが日本語の変化に影響したのか」と私たちは学ぶことができるのです。

シェイクスピアが英語の可能性を一気に引き出して広げて、それをみんなが当たり前に読んだことによって、英語が磨かれていき、スペイン語も、セルバンテス（一五四七〜一六一六）が『ドン・キホーテ』を書いたお陰で水準が大きく上がったのです。

知りたいと思う心が世界を広げる

ここまで「天才」という表現を使ってきましたが、無論、「何も考えずに生きてきたのだけど、いつの間にか勇名を馳せていた」という意味ではありません。彼らが計り知れない努力の末に評価を得たことは言うまでもありませんが、努力するためには様々な材料が必要になります。

では日本語に卓越した先人たちが糧にした材料とは何だったのか。その最たるものとして東洋と西洋、両方からの言語と文化の流入があります。

東洋から大きな影響を与えたものは、前章で述べた漢字です。これが日本語を「書く」ものにしただけでなく、仮名文字を生み、歴史に残る文学作品をもたらしました。

この漢字がどのように日本に流入してきたかを掘り下げてみましょう。その大きなきっかけになったのは仏典です。現在も古い日本語の読み方がいろいろ残っていますが、それよりも仏典で使われている漢字の読み方には更に古いものが多いのです。これらは「呉《ご》音」と言って、遣唐使の時代に使われていた「漢音」が日本に持ち帰られる以前に、すでに日本に定着していた読み方でした。

たとえば、「男女」は「だんじょ」と読みますが、「なんにょ」という読み方もある。これは「なんにょ」のほうが古いのです。取り入れた時代と地域の差によって読み方が変わることがありました。最近で言うと、昔は「レポート」と言ったものを、今は「リポート」と言って、後者のほうがなんとなく新しく聞こえるといったことがありますが、それと同じような「差」かもしれません。「老若男女」という言葉がありますが、「だんじょ」よりも「なんにょ」のほうがより古い読み方で、仏教の言葉には、こうした中国の「呉音」と呼ばれる古い発音による読み方が多いのです。

これは何を示しているかと言うと、当時の日本人は仏教を学びたいという意志がものすごく強く、そのために一所懸命勉強して一刻も早く取り入れようとしたということです。聖徳太子（五七四〜六二二）の時代も、多くの人が熱心に仏教を勉強しているのです。

空海（七七四〜八三五）は、非常に中国語に長けており、般若心経をどう読むか、般若心経の鍵はこれである、といった本を書いています。とくに空海は「最後のマントラが大事だ」と言っています。マントラとは、本来はサンスクリット語で「文字」や「言葉」を意味しますが、「真言」と訳されています。大乗仏教や密教で、仏に対する賛歌や祈りを短い言葉で象徴的に表した言葉のことです。「般若心経」の最後の部分「羯諦《ぎゃあてい》羯諦《ぎゃあてい》、波羅《はーらー》羯諦《ぎゃあてい》」、これを私たちは、最後の締めのように思っていますが、あれこそがマントラであり、大切なのだと述べているのです。

そう言えるのは、やはり空海がこれでもかと仏教の勉強をし、中国語をマスターしたことによるものだと思います。であるからこそ、そうした解釈ができるんですね。もしも現代にこんな講義が聞けるとしたらきっと大人気になっていたことでしょう。般若心経そのものが魅力的なのに加え、それを空海が説明してくれる。きっとみんな聞きに行くと思います。残念ながら現代ではそれは叶いませんので、本で読むことをお勧めします。『般若心経秘《ひ》鍵《けん》』という、空海が最晩年にその本質を読み解いた著書がありますので、こちらをぜひ手に取ってみてください。

要するに、空海がこのように仏典についての解説ができるに至ったのも、どうにかして仏教を学びたいという気持ちが中国語を学ばせたからなんですね。仏典はもともとサンスクリット語で書かれたものが多いのですが、当時の日本人にはサンスクリット語はあまりにも遠すぎて手が出ませんでした。よって中国から漢文に訳されたものを取り入れるしかなかったのです。

現在では、大仏教学者である中村元先生（一九一二〜一九九九）がサンスクリット語から直接訳した仏典が、『原子仏典』や『ブッダのことば　スッタニパータ』として刊行されていますので、興味のある方はそういうものを読んでみるのもよいでしょう。「仏典」というと、私たちはお経を思い浮かべますが、中村先生のこれらの著作を読んでいると、ふつうの読み物として楽しめるということがよくわかると思います。

日本人が一所懸命仏教の本質をつかもうとし、体に刻もうとした。それが読経、お経を読むという行為であったわけです。サンスクリット語では読めないけれども、お経に振り仮名が振ってあれば大体が読めます。読めることで私たちは落ち着きを得られる。これはこれで日本の文化になっていったのです。ところで般若心経を漢訳したのは玄奘三蔵《げんじょうさんぞう》（六〇二?〜六六四）です。あの『西遊記』に登場する三蔵法師のモデルになった人物ですね。これもまたドラマチックで歴史のありがたみを感じずにはいられません。

不幸な結婚であったけれども、離婚はできない

「漢字を取り入れるのだったらとことん取り入れてしまおう！」という、その思い切りのよさ。そして漢字こそが素晴らしいと思ったら、漢文で日記を書いてしまおうとする。そんな日本人の性格が日本語の複雑な変化をもたらしました。ふつう、自分の言語に誇りを持っていたら、異国の表記を取り入れるなど、なかなかできないことだと思います。音だけでいいじゃないか、自分たちで全く違う文字を発明しようじゃないか、そういうことを考えても不思議はありません。

自分の国の言語の表記に自信を持ったら、使うのがそれだけになるということはあり得ます。日本語も、漢字から仮名文字を生み出したのですから、やろうと思えば、すべて仮名表記もできるはずなのです。純粋な日本語という意味では、むしろそちらのほうが順当だったかもしれないのですが、そこにあえて、外国語である漢字を残した。あくまでも自分たちの言語に徹するのだ、ということを貫いていたら、それも拒否したのでしょうが、これが逆だったんですね。漢字を入れるとなったら、徹底的に入れる。その躊躇のなさには驚くべきものがあります。

中国文学者でエッセイストでもある高島俊男さん（一九三七〜）は、その著書『漢字と日本人』の中で、次のように述べています。

中国にはその二千年も前から文字があったのに日本にはなかった。これは、中国の文化はすぐれた文化であり、日本の文化は劣った文化であったからだ、と思っている人があるが、そうではありません。中国の文化は早くうまれた文化であり、日本の文化はおそくうまれた文化なのである。（中略）ゆえにその言語も未発達であり、独自の文字を持つにはいたっていなかったのである。

そこで、この「早くうまれた」中国文化から、日本語は文字を取り入れたわけですが、それは取り入れやすかったからということではない、とも高島さんは言っているのです。

日本人が、漢字をもちいるようになり、現在ももちいていることから、漢語と日本語とは同系統の言語であるように思っている人がある。しかしそれはまちがいである。漢語と日本語とはもともとまったく別個にうまれた言語であって、類縁関係はない。

それどころか、全く異なる系統の言語だというのです。

日本語は漢語と系統を異にするのみならず、また性格がまったくことなる。もし日本語と漢語と英語の三つをとってくらべてみるならば、漢語と英語とは、系統は無論違うけれども、かなり似たところが多い。英語と日本語ともすこしは似たところがある。しかし日本語と漢語とはほとんど似たところがない。

これには、意外な印象を持つ人が多いのではないでしょうか。しかし、考えてみれば、確かに語順ひとつとっても、中国語は英語に近い。動詞が先に来て目的語があとに来るところも、否定する言葉が動詞よりも前に来るところも、共通しています。これに比べると日本語は、語順で言えば、むしろ韓国語に近いと言えるでしょう。言語系統としては、中国語とは全く似ていない。この全く似ていない言語というものを「返り点」をつけるという荒業を使って日本人は読みこなしてしまったわけです。

高島先生は、これを「不幸なことであった」と言っておられます。なぜかと言えば、第一に、時間を待てば生まれるかもしれなかった日本語と、それによって生み出される「種族の思想」「概念」が、結局日の目を見なかったからです。その前に「高度な概念をあらわす漢語」が入ってきてしまったわけですが、これはあくまでも「中国人の生活のなかから生まれてきた」ものであって、日本人自身の「生活や感覚のなかからうまれたものではな」かった。にもかかわらず、音声しかなかった日本語を書き表すために、私たちの祖先は漢字、漢語を取り入れることによって、「中国人（漢族、支那人）の生活のなかからうまれてきた抽象的な概念」を「そのままうけいれざるを得なかった」からだというわけです。

高島先生は「漢字は、日本語にとってやっかいな重荷である。それも、からだに癒着してしまった重荷である。もともと日本語の体質にはあわないのだから、いつまでたってもしっくりしない。（中略）しかし日本語は、これなしにはやってゆけないこともたしかである。腐れ縁である」と述べておられているんですね。

つまりこれは不幸な結婚であったわけだけれども、もう離婚はできないということです。この興味深い独自の視点に、私は「さすが、高島先生」と膝を打ったのですが、それくらい日本語と中国語、漢語は隔たりがあったのです。

外にあるものを自己流に変える力

一方で、当の日本人は、これをむしろ愉しんで自分たちのものにしてきたのではないかとも私は思うのです。その「自分たちのもの」にするための最大の工夫が「返り点」です。「返り点」を発明したことが、日本人の功績ではないかと私は見ています。

たとえば、日本が世界に誇る「温水洗浄便座」を考えてみてください。洋式便座をあのような画期的な商品に発展させたのは日本人ならではの発想です。なければないで済むけれども、あったらより便利になるのではないか、そうした発想で日本人が取り入れてきたもの、生み出してきたものが、世の中にはどれほどあふれていることか。「温水洗浄便座」はその象徴的な商品であり、あれこそが日本人らしさだと私は思います。

そして、最も日本人らしい発明が「返り点」なのです。

日本人は、日本人であることに固執するよりも大事にしていたことがある。無文字社会と文字社会、どちらが良いかと言えば、文字があるほうが良い、そうほとんどの人が思ったのでしょう。ですから、知性ある人をはじめ多くの人たちが「文字が来たぞ！」という喜びで大変なことになった。確かに中国語と日本語では背景とする文化が大きく異なるので、その言語を取り入れて自分たちの文化を表すということは、かなり強引な、暴挙に近いものだったかもしれません。

しかし、ではこれが黒船のように圧力として捉えられたのかと言えば、決してそうではなかったはずです。むしろ当時の人たちにしてみれば、これは「恩恵」であったわけですね。これで自分たちの言葉が書き表せるようになるということだけではなく、仏教という、個人にとっても国家の安定にとっても最も重要な文化を学ぶことができたのです。

聖徳太子の頃から、仏教を中心に国を治めていくということは意識的に行われていたわけですが、そうした精神の糧、精神文化も同時に取り入れてしまうことにも躊躇《ためら》いがない。自国のものにこだわらないところが、当時の日本人のすごいところだと思います。

そもそもその背景には、まだ国らしい国がなかったということもあります。日本から隋の王、煬帝《ようだい》（五六九〜六一八）に宛てた国書に〈日出《ひいづる》処《ところ》の天子、書を日没《ひぼつ》する処の天子に致す〉と書き出されていて、煬帝が立腹したという逸話が伝えられていますが、そこで初めて「自分たちの国」という意識が生まれていたのではないでしょうか。とは言っても、これですら漢字で〈日出處天子致書日沒處天子〉と記されていたのですから、そんなに威張ろうにも威張りようがないわけです。

また仏教のほかに儒教も入ってきましたが、孔子は今から約二五〇〇年も前の人なんですね。聖徳太子と比べても、はるかに古い時代の人物です。ですから十七条の憲法の第一条〈和を以《もつ》て貴《とうと》しと為す〉というのは、『論語』の最初のほうにある言葉のアレンジなのです。つまり、それすらオリジナルではないわけです。そもそも「和」という漢字を使っている時点で、日本語オリジナルではない。

精神の在り方から何から「いいものがあった！」と言って、大量に導入する。それまでの日本人も、もちろん心は豊かだったと思います。が、精神文化が大きく花開くのは、仏教を取り入れ、儒教を取り入れた後のことです。

ですから、言語を便利に使うためにというだけではなく、精神文化を豊かにしたいという、その動機があって漢字が取り入れられた。仏教を理解したい、儒教を取り入れたい、そうした「文化的に豊かになりたい」という思いが、漢字を導入する動機づけになったのでしょう。いいものがあればどんどん入れてしまおうというその精神は、今の日本人にも通じるものがあると思います。良いとなったら徹底的に外から入れて、入れ過ぎて、それを追い越してしまうこともあります。

たとえばイタリア料理もそうでしょう。昭和の時代までは「パスタ」などという言葉を使う人はあまりいませんでした。世間に出回っているのはスパゲティミートソースか、ナポリタンくらいでした。しかし、そこから変化し続けて、今やイタリア本国の人が驚くくらい多彩なメニューがあります。

あまりに外から入れ過ぎて、江戸時代後期の歴史家、頼山陽《らいさんよう》（一七八一〜一八三二）による『日本外史』のような奇妙な作品が生まれたケースもあります。

『日本外史』の「外」は「そと」という意味ではなく、概略という意味で、源平二氏から徳川家までの武家の盛衰を記した国史の史書です。書かれている歴史の内容はともかく、文章はすべて不思議な漢文体で書かれています。中国語ではないのに漢文で書かれているという不思議な文体で、日本語でもなければ中国語でもない。中国人が読んでも意味がわからないし、日本人が読んでも漢字の羅列だけで、返り点を打って読めるわけでもない。かといって万葉仮名のように音だけあてるわけでもない。面白い言語ができてしまったのです。この原因にはまだその当時「男は教養として漢字で書かなければ」という囚われがあったためではないかと思われます。

外から異文化を取り入れるのはよいのだけれども、それをその後どう自己流に活かしていくかというところに、その後の成否の鍵があるのかもしれません。漢字から自分たちの暮らしに合わせて仮名を生みだし、それを最初に使った女性の柔軟さが勝利を収めたというところが、実に象徴的です。漢字についても、外から抵抗なく取り入れるところまではよかったのですが、無理やりに漢字を使っていた時代というのが長く続いたために、異常に漢字に強いという伝統が一方では続きました。

今ここにある危機

中国から取り入れた漢字を使いこなすようになったお陰で、日本人はいろいろと抽象的なことを言えるようにもなったわけです。

しかし、文化の異なる国から来た文字と、自分たちの暮らしをどのように摺り合わせていったのか。たとえば春夏秋冬の春は、大和言葉の草木の芽が「張る」とか、「気持ちに張りがある」の「張る」から来ているという説があります。それ以外にも、晴れ渡るの「晴る」、田畑を「墾《は》る」などから、「はる」と呼ぶようになったという説があります。

春がもし「ふゆ」という音だったら、いよいよ「ふゆ」が来た、雪が溶けて川になって流れていきますと言われても、勢いがなくて春の季節の到来にはそぐわない気がします。大和言葉では「はる」には、このようにさまざまな由来があるのです。

もうひとつ「はな」という言葉もそうです。顔についている「鼻」と咲く「花」、そして「はなっから信用しちゃいけないよ」などと言うときの「端」。さらには、岬の「鼻っ先」と言うことがあります。これらはすべて大きく捉えれば「突端」という意味で括れる言葉なのです。鼻も顔の突端であり、岬も突端。端も「最初から」という意味で突端です。そして咲く花も、今までつぼみで閉じていたものが、パッと赤い花を開いたりすると、この世のものでないような異世界が現れたりする。異世界の突端という意味で、これもまた「はな」だと、大和言葉では捉えられていたのでしょう。

こうした日本の風土や気候や暮らしの中で培われた語感から発生した大和言葉は、漢熟語とは成り立ちも性格も異なります。「はる」も「なつ」も「あき」も「ふゆ」も、そうした語感から生まれた大和言葉です。

ところがこれらをまとめて言う「季節」という言葉は漢熟語なのです。日本語には元々「季節」という言葉はありませんでした。「いや、季節にあたる言葉はあるよ、春夏秋冬のことでしょう」と言う人もありますが、「いや、あれはひとつひとつのその季節を言うのであって、それ全体を指す日本語はなかったんですよ」と説明すると、大抵の人は驚きます。なかなかピンと来ないかもしれませんが、季節というのは抽象言語であって、こういうものが中国から来た漢熟語には多かったのです。

「なく」という言葉があります。これも一口に「なく」と言っても、「泣く」もあれば「鳴く」もあり「啼く」もある。さまざまな「なく」があるわけですが、「泣く」も、いろいろな泣き方があります。「号泣する」もあれば、「涕泣《ていきゅう》する」もあり、「忍び泣く」もある。「慟哭」のように声をあげての激しい泣き方もあります。「哭く」も「なく」と読みます。漢字には多くの「なく」があるのです。

日本人はさまざまな泣き方について、膨大にある漢字をあてて使い分けていました。諸《もろ》橋轍次《はしてつじ》先生（一八八三～一九八二）の『大漢和辞典』は数十年の歳月をかけて編まれた全一五巻にわたる漢和辞典ですが、そこに収められた漢字は親文字だけで五万字、熟語も五三万余語とされていて、ここまで多くの漢字があるのかと驚かずにはいられません。日本語には確かに語彙が多いのですが、漢字の力を借りて意味を使い分けて発展してきたという経緯があったのです。

ところが近代、本家の中国では漢字を簡略化して書く「簡体字」が使われるようになりました。中国文学者の阿辻哲次《あつじてつじ》さん（一九五一～）が、日本経済新聞の連載「遊遊漢字学」の中で「憂鬱」の「鬱」について述べておられたことがありますが、中国では現在「憂鬱」は「憂」が「忧」と書き、「鬱」については「郁」と書くのだそうです。これは「鬱」と「郁」の発音が同じことから代用することになったとのことです。しかし、これでは意味が違ってきてしまう。こう書かれています。

『鬱』とは祭祀に使う酒の香りがあたり一面に立ちこめているめでたい状態を表し、そこから『しげる・さかん』という意味を表した。『鬱蒼』の『鬱』がその意味であり、またさかんに集まることから『ぎっしりふさがる・こもる』という意味も表すようになった。『憂鬱』とは『たくさんの心配事がこもっている』という状態のことである。

心の中にいろいろなものが充満し過ぎてしまっている状態、そのために気が塞いでしまっている。私たちも「鬱な気分」と言ったとき、「心の中がこもっているから発散が大事だよね、カラオケでも歌ってくれば鬱も飛ぶよね」といった発想になりますよね。つまり「鬱」の由来や意味を知っていればこそ、言葉に奥行きも出てきて意味のある会話も成り立つというわけです。

ところが簡体字どころか、音が同じだからというだけでまるで由来の異なる字を代用するとなれば、もうその語源にはたどれなくなってしまう。そしてひとつの語がもたらすイメージ、そこから受け取れる実感もすべて奪われてしまうことになるのです。

漢字は簡単にしたほうが合理的だという意見は一方ではもっともだと思います。しかし、だからと言って音だけ同じで意味が全く異なる文字を代用することは、せっかく数千年かけて培ってきた豊かな漢字文化を歪んだ形で引き継ぐことになります。それはどう考えてももったいないと、私はお節介にも中国の将来を思わずにいられないのです。

日本は漢字文化圏に生きているメリットというものを徹底的に享受したと言えるでしょう。大和言葉しか存在しなかった自分たちの言語、文化に、これを溶けこませたというのが画期的です。全く別のものであったのに完全に溶けこんでしまっている。だからこそ今皆さんも、これが音読みだ、訓読みだということを意識せずにものが読めているのではないでしょうか。

日本語を「解読する」と言ったときも、「解読」はただの日本語として捉えられています。しかし、これも大和言葉で言えば「解いて読む」であり、「解読」は漢熟語です。でも「解読」のほうが今や自然に聞こえるほど、私たちは中国の言葉を自国のものとして完全に取り入れることができているのです。

そのように漢字を自分たちのものとして使いこなしてきた特性を熟知した人から見ると、現代に生きる人たちが漢熟語に弱いという事態に、危機感を抱かざるを得ません。これが日本中で起こっているのです。そこで漢検が流行ったり、私もクイズで出題したりしますが、漢字の難読問題が注目されるようになっているわけです。かつては検定などしなくても、みんながそこそこの漢字は読めました。しかし今の時代、漢字は、改めて検定を受けることを目標に勉強しなくてはならないものになってしまったのです。「この程度の文字は読めるでしょう」といったような常識が世代間で分断されてしまいました。

西洋言語がもたらした味わい深い言葉

東洋だけではなく西洋からも膨大な量の語彙が入ってきたことが日本語に大きな影響を与えました。これについても全く文化を異にする国から、それまでの日本にはない概念が言葉とともにたくさん入ってきたことで、それらをどう訳すのかが課題となりました。

最初に日本に入ってきた西洋の言語と言えば、大航海時代、日本で言うと安土桃山時代にキリスト教の宣教師とともに入ってきたポルトガル語でした。当時作られた『日葡《にっぽ》辞書』を見ると、面白い言葉が多くあることに気づきます。ロドリゲス（一五六一？〜一六三三）など、日本語の通訳をしていた人の著書『日本大文典《にほんだいぶんてん》』などからも当時の日本語はこういうふうに使われていたのかということがわかり、歴史的にも非常に興味深いものがあります。

しかしながら、これらはその後の鎖国のためさほど発展することなく収束してしまいます。

そして次にドッと西洋の言語が流れこんできたのは明治時代です。これに取り組んだ中心的な人物が、江戸時代後期から明治にかけて哲学者や教育者として活躍した西周《にしあまね》（一八二九～一八九七）でした。

彼は、「philosophy」を「哲学」という和製漢語に訳しただけでなく、「芸術」「理性」「科学」「技術」「心理学」「意識」など、現在、当たり前に使われている多くの言葉を考案したのです。この西周の「発明」も、日本語の運命を変えた大きな分岐点と言えます。

維新志士の江藤新平（一八三四～一八七四）は法律分野の翻訳で大きな役割を果たしました。明治に入ってまず法整備が必要になったとき、江藤の指示で急いで日本の民法典が作られました。参考としたのはナポレオン民法典でしたが、とにかくひとつひとつの法律用語に対応する日本語がなかったのです。完璧でなくてもいいからとにかく急げということで大量に訳し、その結果、驚くべき速さで民法典が出来上がりました。

それが今も使われているのです。言語の生命たるや恐るべきものがあります。民法を読むとわかると思いますが、使われている言葉はみな古い日本語です。私が法学部の学生だった頃、これを読むたびに「古いなぁ」と思ったものでした。

ものすごく急いで言葉を作った結果、「人権」という言葉もろくにない時代に、福澤諭吉は「right」を「権理通義」と訳していたんですね。しかし「権理通義」だと長い。そこで「権利」となったわけです。しかし権利の「利」を、当初、福澤諭吉は理性の「理」としていました。考えてみれば、権利は「理＝ことわり」ですから、そのほうがright本来の意味をうまく訳しているのです。今「権利」と言ったときに、ともすると「自分の利益を主張する」と思われがちなのは、この「利」の字を福澤に倣って「理」としなかったからなのだ、それでよくないのだという見方もあります。

そうしたひとつひとつの言葉、「哲学」や「社会」も西洋の言語から日本人が言葉を解読して作ったものでした。「中華人民共和国」という国の名前ひとつとってみても、「中華」はもともとありましたけれども、「人民」や「共和国」は日本で作られた言葉だとされています。そう考えてみると、近代の漢熟語は相当数日本で作られているということになります。それは、西洋にある言語にあたるものがなかったということなのです。

近代社会を形成する、法律の言葉、社会システムの言葉、思想の言葉、これらすべてがなかったために、その全部を新たに生み出さなくてはならなかったのです。

「philosophy」は、ギリシャ語の「フィロソフィア philosophia」に由来し、「知 sophia」

を「愛する philein」という意味の言葉です。ソクラテスは「知を愛することがフィロソフィーの始まりだ」と言いましたが、これをどう表したらよいのか。

西周は最初「○○を欲する、希《のぞ》む」ということで、「希」の字をあてていました。何を欲するのかと言えば、知を欲する、知を愛する。つまり philosophy は「愛知学」ということなのです。そこで「希哲学」（明らかな知を希求する学問）としていたのですが、だんだん「希」が取れてしまった。今、その訳語とされている「哲学」という言葉からは、元の意味がわからなくなっています。いずれにせよ、こうした訳を西周を筆頭に、当時の日本人は一所懸命作ったのです。

「積極的」「消極的」などという言葉もそれらのひとつだと言われています。

大和言葉よりは漢熟語のほうが、概念を作るのには適していたのでしょう。そのことについて、日本人は人の褌《ふんどし》で相撲を取るという意識すら既になかったのです。あまりにも漢字に馴れ親しんだために、英語、フランス語、ドイツ語にある当たり前の言葉が日本語にない場合は、漢字を組み合わせて作ることに何の苦痛も躊躇も感じなかったわけです。

作られた言葉も、見れば大体その意味がわかるといったようなものになり、みんなが納得するような言葉が、西周や福澤諭吉などによって作られたお陰で、日本語の語彙はここでまた爆発的に膨れ上がりました。

カタカナ語はこわくない

明治時代に、もしもすべてアルファベットで導入していたら、日本の法律用語で重要なものはほとんどアルファベットになっていたでしょうし、あるいはすべてカタカナで導入されていたら「right」についても「ライトが」と使うことになったのでしょうが、どうもしっくりきません。「権利が」と言ったほうがふつうに感じるのは、現代人が既に馴れてしまっているからではありません。漢字は表意文字だけに、イメージが湧きやすいのです。これが音だけだと西洋の言葉のニュアンスが伝わらないということです。

大量の西洋の単語が入ってきて、それについて日本人が漢熟語を用いて自ら訳語を作り上げた。そして、現代でもまた新たな変化が起きています。

そのひとつがカタカナ語の氾濫です。「コンプラ」「セクハラ」「パワハラ」など、私たちはもうカタカナ語なしには生きられなくなってしまっています。「それ、プライオリティが間違っているんじゃないの?」とか「インセンティブどうなっているの?」とか、日々の暮らしの中にありとあらゆる外来語が侵入してきています。

これらは、経済大国であるアメリカの影響が強いのだと思いますが、特にマーケティング理論のような分野において、強く見られる傾向です。しかしながら、その勢いがあまりに強いので、この概念をいちいち漢熟語に訳していると追いつきませんし、ニュアンスにもずれが見られます。

「コンプライアンス守っている?」を「法令順守やってる?」と訳したとしても、何かそこには「あえてこの時代にコンプライアンスと言っているのはね」という言外のニュアンスがあって、漢熟語だけではカバーできないものが見てとれてしまうのです。

「インフラ」も「設備」だけではない。面倒なので「インフラ」で意味を共有できるのであれば、そちらのほうが便利です。「インフラ」を漢熟語に訳せと言う人も少し前まではいましたが、今やそんな人はいなくなりました。面倒くさいからやる人がいませんし、もうそれは「インフラ」でわかるでしょうということです。

「アイデンティティ」も「自己同一性」と訳されたこともありましたが、これではわけがわかりません。「存在証明」などの意味も含んだ「アイデンティティ」で理解しよう、ということになったわけです。

最近よく使われる「リスペクト」もそうです。「尊敬」と置き換えても良いわけですが、少しニュアンスが違う。以前、講演会の最中に、会場の中高年の男性から「リスペクトというのは何ですか。日本語で言ってください。日本人なんだから」と大きな声で言われたことがありました。しかし全く同じではないニュアンスの違いがあるからこそ、「リスペクト」として使っていたわけです。その辺りの違いが面白いということもあります。

漢熟語に強い、古語もわかる、英語もある程度わかって外来語にも強い。そして何かを言われたときに「ああ、その言語というのは元がこれだよね」とパッと言えるような、そんな力を身につけることができたら理想的だと思います。

「セミナーというのは『ゼミナール』のことだよね。ゼミというのは『種子』みたいな意味でね、知恵の種子を蒔くというのがゼミなんだよね」といったように、ひとつの言葉を聞いたときに自分の中でいろいろな知識がつながっていくようなイメージです。

外来語を受け取るときには、その幹が重要だと私は考えています。以前、小学生用に、語の幹だけ覚えるという本を出したことがあります。ひとつの言葉に出会ったときに「あ、ラテン語ではこれが元になっているよね」ということがわかっていたり、「あれの応用でしょ」と気づけると、単語も覚えやすいんですね。

「『～タブル』いうことは語尾に『able』がつくので『できる』ということだよね」とい

うことがわかっていると言葉の吸収が速く、語彙がどんどん増えていって世界が広がります。

私は日本語を愛していますが、かと言って、外来語に対して臆病になる必要はないと思っています。とにかく現代はこうしたものを避けては通れません。たとえば「テキスト」とか「テレビ」、「ベストセラー」や「ブーム」など、今や生活の隅々にまで浸透している外来語も多数ありますから、それらが通じないとなると、これは困ってしまいます。

今は従来のこうした外来語に加えて、わからなくてはいけないカタカナ語がものすごく増えました。けれども、これに対しても怯えてはいけません。

漢字に怯えなかった古代人、ナポレオン民法典を見ても怯まなかった江藤新平をはじめとする明治人、その気概を見よ、ということです。今、また大きな波が来てはいますが、それも柔軟な心で受け止め、気概をもって迎え入れる。その姿勢が必要とされているのです。

音読で味わう名文 その3◆『平家物語』木曾最期《きそのさいご》（巻第九）

『平家物語』の数ある劇的な場面の中でも、涙なしには読み通せないところです。舞台は一一八四年、粟津の戦いです。

木曾義仲《きそよしなか》は、宇治川を渡って京に攻め入ってきた従兄弟にあたる源義経に敗れ、都を逃げ延びます。義仲は兄弟同然の今井四郎兼平《いまいしろうかねひら》とともに追っ手に応戦しますが、とうとう二人きりになってしまいました。

そのときすでに死を覚悟し、自害の場所を求めて粟津の松原に進んでいった義仲でしたが、その願いすら虚しくあっけなく討ち死にしてしまいます。それを見た兼平の最期の選択とは。

ここに描かれているものこそ、まさに人間の感情です。木曾義仲の無念と今井兼平の主君に対する忠誠心、二人を結ぶ絆の美しさ——更にはこれを読んだ後世の琵琶法師の気持ちまで、私たちは作品を通して共有することができます。

〔原文〕

木曾殿《きそどの》はただ一騎《いっき》、粟津《あわづ》の松原《まつばら》へ駆《か》け給ふ《たまう》が、正月廿一日《しょうがつにじゅういちにち》、入相《いりあい》ばかりの事《こと》なるに、薄氷《うすごおり》は張《は》ッたりけり、深田《ふかた》ありとも知《し》らずして、馬《うま》をざッと打入《うちい》れたれば、馬《うま》の頭《かしら》も見《み》えざりけり。

あふ《お》れどもあふ《お》れども、打《う》てども打《う》てどもはたらかず。

今井《いまい》が行方《ゆくえ》のおぼつかなさに、振《ふ》り仰《あお》ぎ給へ《たまえ》る内甲《うちかぶと》を、三浦《みうら》の石田《いしだ》の次郎為久《じろうためひさ》、追《お》ッかかッて、よッぴいてひや《よ》うふつ《っ》と射《い》る。

痛手《いたで》なれば、真甲《まっこう》を馬《うま》の頭《かしら》にあてて、うつぶし給へ《たまえ》る処《ところ》に、石田《いしだ》が郎等《ろうどう》二人《ににん》、落《お》ち合《お》うて、遂《つい》に木曾殿《きそどの》の頸《くび》をばとッてンげり。

太刀《たち》のさきにつらぬき、高《たか》くさしあげ、大音声《だいおんじょう》をあげて、

「この日《ひ》ごろ日本国《にっぽんごく》に聞《きこ》えさせ給《たまい》ひつる木曾殿《きそどの》をば、三浦《みうら》の石田《いしだ》の次郎為久《じろうためひさ》が討《う》ち奉《たてま》ッたるぞや」

と名乗《なの》りければ、今井四郎《いまいのしろう》いくさしけるが、これを聞《き》き、

「今《いま》は誰《たれ》をかばはむ《わん》とてか、いくさをもすべき。これを見給《みたまえ》へ、東国《とうごく》の殿原《とのばら》、日本《にっぽん》一《いち》の剛《ごう》の者《もの》の自害《じがい》する手本《てほん》」

とて、太刀《たち》のさきを口《くち》にふくみ、馬《うま》よりさかさまに飛《と》び落《お》ち、貫《つらぬ》かッてぞ失《う》せにける。

(現代語訳)

義仲はただ一騎で粟津《あわづ》の松原へ馬を乗り入れたが、正月二十一日の夕暮れどきのこと、薄氷が張った深い田があるとも知らずに勢いよく馬を乗り入れたので、人馬もろとも深みにはまり、馬の頭が見えなくなった。

鐙《あぶみ》で馬の腹を何度蹴っても、鞭で何度打っても、馬は身動きできない。

そんななかでも、義仲は今井の行方が気がかりで、後ろを振り返った。と、そのとき、甲《かぶと》の内側をねらって、追いかけてきた三浦(相模の豪族)の石田の次郎為久《じろうためひさ》が、弓を引き絞り、ビューンと矢を放った。

重傷を負った義仲が、甲の前額《まえびたい》を馬の首に押し当ててうつ伏せになったところに、石田の郎等二人が駆け寄って、ついに義仲の首を取ってしまった。

太刀の先に首を貫いて高く掲げ、大音声《だいおんじょう》をあげて、

「この日ごろ日本国に鳴り響いた木曾殿を、三浦の石田の次郎為久が討ち取ったぞ」

と名乗ったので、今井四郎は死闘のさなかにあったが、これを聞いて、

「今となっては誰かをかばうために戦う甲斐などない。これを見よ、東国のかたがた。日本一の豪傑が自害する手本だ」

と言って、太刀の先を口にくわえ、馬から真っ逆さまに飛び落ちて、太刀に貫かれて死んでしまった。

1 秋風が（　　　　）親密だった恋愛関係がなんとなく疎遠になってしまうこと。

2 味噌を（　　　　）名誉を傷つけるような失敗をすること。

3 生木を（　　　　）割れにくい生木を割るように、相思相愛の両者を無理に別れさせること。

4 馬齢《ばれい》を（　　　　）いたずらにただ年を取ること。

5 毒気に（　　　　）非常識な行動に呆然とすること。

6―間隙を（　　）
切れ目なく続く物事の隙間を捉えること。

7―疑心暗鬼を（　　）
一度疑い始めてしまうと、なんでもないことまでも恐ろしく感じてしまうこと。

8―相好《そうごう》を（　　）
表情がほころんで喜んでいる様。

9―苦汁を（　　）
つらく、にがい経験をすること。

10―齟齬《そご》を（　　）
意見がかみ合わなくなってしまうこと。

1 —— 秋風が（立つ・吹く）

2 —— 味噌を（付ける）

3 —— 生木を（裂く）

4 —— 馬齢を（重ねる・加える）

5 —— 毒気に（当てられる）

---

6 —— 間隙を（縫う）

7 —— 疑心暗鬼を（生ず）

8 —— 相好を（崩す）

9 —— 苦汁を（嘗める）

10 —— 齟齬を（きたす）

※「齟齬が生じる」とも。

第四章　明治時代のビッグバン

日本語が迎えた衝撃の時代

明治時代、大量に西洋から言葉が入ってきたとき、私たちの祖先が、漢熟語を新たに創出して日本語を豊かにしてきたことはお話しした通りです。これは、日本語の運命にとってかなり大きな分岐点でした。同時に「単語」だけでなく、西洋の「文体」、翻訳文体が入ってきて、それが私たちの中で当たり前になったことに着目していきましょう。

それを非常にうまい形で行ったのが漱石でした。あまりに翻訳文体の日本語への取り入れ方が自然だったので、それまでの文体と変化したにもかかわらず、違和感なく読むことができた。それは漱石が英文学者で、日本語の文才も併せ持っていたからこそでした。

漱石以前の日本語、いわゆる古文では主語からして省かれています。省ければ省けるほどよいという考えで、『源氏物語』も現代人が読むときには、まず主語を補うのが一大作業となってしまいます。入試などで私たちが苦労するのもそこで、「これは一体誰が言っているんだっけ?」といった確認作業に骨を折る場面が多々あります。

英語ではそういうことはめったに起こりません。主語はありますし、関係代名詞を使った「~している○○」といった表現も、それまでの日本語の話し言葉にはそれほどなかったわけですが、英文では多用されます。こうした表現も取り入れて、その後、日本語は複雑なことを表せるようになったのです。

それもすべて、漱石をはじめとした明治時代の文学者・知識人が実に自然にその垣根を飛び越えて日本語に馴染ませることに成功した、その功績によるところが大きいのです。そのお陰で私たちは英文の構造を自然に理解することができているのです。

日本語の文体は、長い歴史の中で書き言葉と話し言葉の間にしだいに大きな乖離を生むようになりました。明治時代に、その両方を一致させようという「言文一致運動」が文学者の間から盛んになっていきます。その主な担い手が二葉亭四迷（一八六四〜一九〇九）ですが、彼も実は漱石と同じように外国語に習熟しています。彼の場合はロシア語でしたが、その翻訳を通じて近代的な日本語を作りました。

森鷗外もドイツ語に秀でていたわけで、いずれも日本語の達人たちが、それぞれ別の外国語や外国文学を学んだ上で要素をすべて溶かしこんで新しい文体を作り上げていたのです。

西洋の文体というのは、思考の粘りと言いますか、近代小説を読んでいても複雑な心理が描かれています。法律用語もそうですが、随分と細かいことを言っているのです。これを日本語に翻訳するには、呼応して細かいことを言える文体がなければなりません。

紫式部も細かい心理描写はしているのですが、しかしそれをもって法律用語について述べようとすると無理があります。近代の用語には対応しきれず不向きと言わざるを得ません。

さまざまな異文化が五月雨式に入ってくるようになった明治時代、それらを表す新たな日本語の語彙と文体が必要になってきたのです。まさにビッグバンと呼ぶべき衝撃の時代でした。

話し言葉と書き言葉

紫式部が『源氏物語』で用いた日本語は、書き言葉ゆえに難しいのだと私たちは思いがちです。文法的にも難しい言葉をゆっくり書いたのだろうなと想像するわけですが、実はそうではなくて、当時はあの言葉が話し言葉でもあったのです。そのことが研究者によって明らかにされたとき、私は大変驚きました。あのような言葉で話していたとすれば、それはまた不思議な日本語力です。

それと反対の驚きが、一八〇二（享和二）年から一八一四（文化一一）年に書かれた十返《じっぺん》舎一九《しゃいっく》（一七六五〜一八三一）の滑稽本『東海道中膝栗毛』からも感じられます。江戸時代の人たちは、きっと古文のような言葉で話していたのだろうと思う人がいるかもしれません。ところが作中には、「それは褌じゃねえか」「あ、こりゃまたしくじった」といった、完全に今の人に通じるような会話が出てくるのです。江戸時代の人は、すでに私たちと同じように話していたということなんですね。

そこから考えると、明治期に盛んになった「言文一致体」というものは、もうすでに『東海道中膝栗毛』で行われていたということになります。ところが、当時の書き言葉は力んで文語体で書かれたものも依然として多かったので、多くの人々がその事実を見過ごしてしまったのでしょう。明治に入って、これをまず何とかしなければいけないという思いから書き言葉を柔らかくしようと言文一致運動が起こってきたわけです。

二葉亭四迷や仮名垣魯文《かながきろぶん》（一八二九〜一八九四）など、その担い手となった人たちは大勢いますが、それがひとつの潮流になって読みやすく話しやすいように書く、ということが推奨されるようになっていったのです。

今日でも大変人気のある落語がそこに大きくかかわってきます。初代三遊亭圓朝《えんちょう》（一八三九〜一九〇〇）の『牡丹燈籠』は落語の速記本を元に出版されたものです。書かれている文体はもちろんしゃべり言葉です。それを聞き書きした人が文学者であれば文語体で書かれたかもしれませんが、そのまま文字にしたことで図らずも言文一致体となったのです。このことからすると、言文一致運動の祖は三遊亭圓朝であるということになります。

圓朝の噺《はなし》は長いので、壮大な小説を読むような感覚と似ています。二葉亭四迷が『浮雲』や『平凡』を書くにあたり、この速記本を参考にしたと伝えられており、それを勧めたのが坪内逍遥（一八五九～一九三五）であったという説があります。

江戸の人々にも難しい『古今和歌集』

坪内逍遥は『小説神髄』や『当世書生気質《とうせいしょせいかたぎ》』といった作品で知られる明治期の小説家ですが、シェイクスピアの全作品を翻訳したという業績でも知られています。しかしその翻訳の内容は現代語とはまた少し違っていて「ロミオ！　何故卿《おまえ》はロミオぢゃ！」といった独特の文体になっているのです。

私はその坪内逍遥の訳があまりにも好きで、この『シェークスピヤ全集』を全巻揃えました。青い布の装丁で、金箔があしらわれている、すごくきれいな小さい本なのです。なかには「船長」と書いて「キャプテン」と読ませるなど、そういった類のルビがいくつも振ってあります。その日本語と英語の混じり方といい、「予《わし》や最早《もう》カピュレットではない」

といった古めかしい訳といい、すべてが非常に面白くて、学生時代、夢中になって読んだものです。というのも、これをしゃべっているのは一四歳のジュリエットなのです。でも、どう考えても、これはジュリエットの台詞ではないだろうと。「わしゃ」はいくら何でもないですよね。こういった日本語感覚なので、「坪内逍遥という人は本当に面白い人だな」と笑いながら読んだものです。

少々話が横にそれましたが、このように片や演劇、片や落語から入ってきている。落語は江戸時代の情緒を残しつつも完全な口語ですから、江戸時代の人はこうしゃべっていたのだな、と感じられるそのままの調子で語られています。ですから、今の私たちが江戸時代に行っても問題なく暮らせるでしょう。

また、本居宣長による『古今和歌集』の訳があります。これも江戸時代に書かれていますが、現代人にとっても読みやすい口語訳にしたような内容です。ここのポイントは、江戸時代の人間にとって『古今和歌集』は、すでに訳す必要があったということです。もう当時の彼らにすら平安時代の古文は意味がわからなくなっていたということが見てとれます。

私はこの本居宣長の『古今和歌集』についてもその秀逸さに感心しつつ痛快に読んだわ

けですが、何が素晴らしいかと言えば、この本がそのまま日本語の運命を背負っている部分があるということです。今の人たちは、この口語訳を読んで初めて『古今和歌集』に何が書いてあるかがわかり、内容を味わえるわけですが、江戸時代の人も同じように「ほうほう」と訳を読んでいたのだな、と改めて感慨を覚えるのです。江戸時代の人も古文に苦労していたということに新鮮な驚きを感じてしまうのです。

この本居宣長訳の『古今和歌集』――『古今集遠鏡《こきんしゆうとおかがみ》』というタイトルですが――に感動した私は、さまざまな出版社に「出版したらいいんじゃない？」と言ったのですが、どこもダメでした。現代では売れないだろうということらしいのですが、寂しい限りです。

せっかくなのでここでひとつ紹介しましょう。

〈こめやとは思ふものからひぐらしのなく夕暮はたちまたれつゝ〉という和歌をこのように訳しています。

ナンボ待ツタトテ來ウカヤ　クル事デハナイトハ思ヒナガラモ
夕カタヒグラシノ鳴クジブンニナレバ　門口へ出テ立テ居テハ
モシモヤト待ツ心ガアツテ　ドウモ思ヒ切ツテハ居ラレヌ

恋い焦がれて待ちながら「来ないよな、いやもしかしたら」と逡巡している様子を表したものですが、冒頭からして「ナンボ」待っても、という言葉遣いの滑稽さがなんとも言えません。

日本史の授業で学ぶ宣長といえば、国学の大家で、大変な勉強家で、と格調高いイメージを持ってしまいがちですが、意外な一面を見たような印象を受けます。

折口信夫の口語訳の『万葉集』も素晴らしいものがあります。折口は現代人ですから、現代語訳は当たり前、美しいのも折口らしい。しかしながら、本居宣長という江戸時代の人がこのような現代にも通じる訳をしていたのかと思うと、私たちは江戸時代とつながっているような、タイムスリップできてしまうような、そうした親近感を覚えてしまうのです。

漱石の功績

江戸時代の落語の伝統は、漱石にも受け継がれ、『坊っちゃん』に結実しました。『坊っちゃん』は一部地域では、漱石による完全な落語だと思われていたほどです。言われてみれば、あれはまさに滑稽譚、言葉遣いも粋な江戸っ子調で、落語のように話が進んでいくので子どもたちも大好きです。以前、小学生と音読で読破しましたが、今の子どもたちにも意味は十分わかる。それくらい漱石は近代的な日本語を作っている人なのです。幸田露伴の『五重塔』を子どもたちと音読すると、ちんぷんかんぷんでなかなか入って行きづらいのですが、漱石はそのままわかるのです。

漱石は江戸時代の終わりの生まれですが、「近代の日本語というものはこのぐらいがいいのではないか」というバランス感覚を十分にもっていました。それができたのも、漱石が落語ファンであり、日本語の達人であると同時に、英文学者であったからです。英語の構造というものをよく理解していて、その上で日本語を作った。

そのお陰で、それ以降の日本語では、それまでよりも論理的に細かいことが言いやすくなったのです。小説を書きやすくなりました。そして現在の私たちは、それを当たり前のように受け止め、英文の構造についても知らないうちに自然に取り入れ、それに沿って日本語を組み立てて話しているというわけです。

樋口一葉という奇跡の華

しかし一方では、口語一辺倒になったがために、古文、古語が軽視されて、かつての日本人のような古語に対する知識や教養が失われてしまったという問題もあります。

樋口一葉（一八七二〜一八九六）は、言文一致運動が盛んになってくる中で小説を書いたわけですが、彼女の書く文章は古文を模した擬古文でした。当時二〇代前半の若い女性があそこまでの美しい、古文めいた日本語を書けたということは、奇跡でしかありません。谷崎潤一郎なども擬古文にチャレンジしているのですが、一葉には届きません。彼女は古文の最後の華と言えるでしょう。

もうこんな日本語は出ないかと思うと、不思議な感じがするとともに、非常に惜しい。樋口一葉の再来は望めないまでも、せめて彼女の作品を素晴らしいと思える感覚を持った次の世代を教育しなければならないと私は思ったのです。

過去の文化的遺産を大事に尊重するということは、どの国の人にもあるはずです。たとえばイタリア人は、レオナルド・ダ・ヴィンチ（一四五二〜一五一九）やミケランジェロ（一四七五〜一五六四）を非常に崇拝し大事に思っています。彼らのように絵を描いたり彫刻を彫ったりすることは到底できないと知りながら、素晴らしい作品を多数送り出した彼らのことを誇りにしているのです。

『グッドモーニング・バビロン！』という映画の中で、イタリア移民がハリウッドで仕事をしていて、アメリカ人にバカにされる場面があります。そのときに彼らは「お前らの祖先は何なんだ。お前らの祖先にダ・ヴィンチやミケランジェロがいるのか」と反論するのです。確かにイタリア人にそう言われると、アメリカ人は勝てません。

サン・ピエトロ寺院に行けばピエタがありますが、あれを見てすごいと思わない人はいないはずです。もし粘土で作られていたとしてもすごいのに、実際は大きな大理石からカンカン彫ってできてしまった。ロダン（一八四〇～一九一七）も素晴らしいですが、彼の作品は粘土の塑像が元です。粘土はくっつけることもできますが、大理石はくっつけることができません。削ったらおしまいです。

ミケランジェロは大理石を見た瞬間に「この中にはこういう彫刻が埋まっている。あとは彫り出すだけだ」と言ったらしいです。そんな人は彼以降出ていません。それでもミケランジェロはミロのヴィーナスなど、名もない人たちが作った古代のものには敵わないと思って作っていたらしいのです。

音楽の世界でも、バッハ、モーツァルト、ベートーヴェンの三巨頭のような作品を現在誰が作っているのかというと、すぐには答えられないところがあります。現代でも、ビートルズやアンドリュー・ロイド・ウェバーなどの優れた作曲家はいますから一概に比較はできませんが、傑出した才能が時代によって生まれ出て、その後の歴史や方向性を決定づけてしまうことがあるのです。その意味では、日本語の運命における樋口一葉の登場もまた、ひとつの分岐点だったと言えるでしょう。

日本語を今一度せんたくいたし申候

「もう今は使わない言語だから必要ない」という浅薄な気持ちではプライベートもビジネスも成功しないでしょう。なぜならビジネスの根幹には「この世界にはこれが必要だ」というゴールや目的があって、お金を儲けたいといって事業を成功させた人は少ないのです。

たとえばアップルの共同設立者である故スティーブ・ジョブズは、もっと人々を自由にしたいと考えてホームコンピュータを思いつき、もっとシンプルで美しいものはないかという美的観点から、機能性だけではなくデザインにも非常にこだわったのです。ケン・シーガルの『Think Simple アップルを生みだす熱狂的哲学』という本があります。彼は常に「もっとシンプルに作れ、もっと機能のあるものをシンプルに」という要求を徹底して貫き、とにかく美を重んじた。この美意識というのも文化なのです。

数学者の藤原正彦さん（一九四三〜）は、俳句と数学は似ていると言います。文学のあるところでこそ数学は花開き、逆に文学的な伝統のないところでは優秀な数学者は出ないのだそうです。数学にはシンプルなほど美しいという考え方があります。俳句もこれ以上ないシンプルな詩の形ですから、これらを味わう感性には共通するところがあるのでしょう。

ここで一度日本語の運命についておさらいしましょう。漢字を取り入れ、古文という伝統があり、それが擬古文の形になり、という経緯をたどってきたわけですが、その伝統は今、短歌や俳句の世界に文語体というものがまだ若干残っていて、なんとか命脈を保っているような状態です。漢文のほうも書き下しという方法を経て長く学ばれながらも、実際に書く人は減ってしまいました。

現代の言葉ではないので仕方がないとしても、せめて教育の段階で文語体を習う、文語体を意識して学ぶということが必要ではないでしょうか。現代語は誰でもしゃべれるようになり、書けるようになるわけですから、極端な話、放っておいてもいい。けれども文語文や漢文は、そこにこそ日本語の宝があるのだということ、その宝を知って教養として身につけるということがいかに大事かということを知る必要があると思います。それは、これから次世代に日本語の運命を受け渡していく者として、避けられない義務なのではないでしょうか。

中国の言語が入ってきた、ヨーロッパの言語が一気に入ってきた、さまざまなものが流入して、日本流に変形されて仕上がったものが現在の日本語です。改めて日本語を見つめなおす良い機会でもあります。

音読で味わう名文 その4◆『徒然草』第十三段

『徒然草』といえば、なんといっても「つれづれなるままに」が有名ですが、少し読みすすめると左の文章が出てきます。室町時代の当時、今でいう研究職が世襲で行われるようになり、視野の狭い学者が増えたことが背景にある一節です。

兼好法師も書物の中に友人や、師匠となる人を見出していたのですね。

（原文）

独《ひと》りともし火《び》のもとに文《ふみ》を広《ひろ》げて、見《み》ぬ世《よ》の人《ひと》を友《とも》とするぞ、こよなう《の》慰《なぐさ》むわざなる。

文《ふみ》は、文選《もんぜん》のあは《わ》れなる巻々《まきまき》、白氏文集《はくしのもんじゅう》、老子《ろうし》の言葉《ことば》、南華《なんか》の篇《へん》。この国《くに》の博士《はかせ》どもの書《か》けるものも、いにしへ《え》のは、あはれ《わ》なること多《おお》かり。

（現代語訳）

独り灯火のもとで書を広げて、知らない時代の作者や、そこに描かれる人物を友のように感じて読書にいそしむことは何よりも心が癒される。

書は『文選』の素晴らしい一巻一巻や、『白氏文集』、『老子』、『荘子』などがよい。

この国の博士諸氏が書かれた本も、古いものには感銘を受けることが多い。

1 ―― 慙愧《ざんき》に（　　　　　　）

自分の行為を反省して恥ずかしく思うこと。

2 ―― 歯牙《しが》にも（　　　　　　）

問題にしない。相手にしない。

3 ―― 灰燼《かいじん》に（　　　　　　）

すっかり燃えて跡形もなくなってしまうこと。

4 ―― 快刀乱麻を（　　　　　　）

複雑な物事を鮮やかに処理すること。

5 ―― 言質《げんち》を（　　　　　　）

のちのち証拠になる言葉を押さえておくこと。

6 ― 胸襟を（　　　）

心中を打ち明けること。

7 ― 後塵《こうじん》を（　　　）

地位や権力のある人に付き従うこと。ほか、他人に後れを取ること。

8 ― 時宜を（　　　）

良い時期を捉えること、タイミングが良いこと。

9 ― 鬼籍に（　　　）

人が亡くなること。

10 ― 半畳を（　　　）

他人の言動に非難の言葉、野次を言う。

1―慙愧に（堪えない）

2―歯牙にも（かけない）

3―灰燼に（帰す・帰する）

4―快刀乱麻を（断つ）

5―言質を（取る）

6―胸襟を（開く）

7―後塵を（拝す・拝する）

8―時宜を（得る）

※「時期を得る」「時機を得る」は誤用。

9―鬼籍に（入《い》る）

10―半畳を（入れる・打つ）

第五章　先人たちの遺した道標をたどる

前章までに述べた大変化を経て、日本語の運命は変化してきました。日本人は、海外から入ってくる文化に対して常にオープンで、その都度上手く整えて我が物としてきました。この姿勢があってこそ現在の日本語の素晴らしさがあることは、これまで本書で申し上げてきた通りです。

ここであえてもう一度強調したいのは、変化の度に失われたものが必ずあり、それを取り戻すことがいかに大事かということです。

一億総表現者時代

現代は、わかっておかなければいけないカタカナ語がものすごく増えているということは申し上げました。それらの存在に怯える必要はありません。中国語、英語の大量流入を自然な態度で受け入れた先人の努力を考えれば、現代日本は学び、知るための材料に満ちあふれています。

その一方で、現代もまた、大きなターニングポイントを迎えています。それは、インターネットの発達と普及によって、主にＳＮＳによる一億総表現者時代が到来したということです。

作家や知識人だけが発信するのではなく、すべての人が言葉を発してそれを世界中の人に見てもらうことができます。誰もが作家と言えば作家、熱心な発信者と言えば熱心な発信者になったわけです。この手段の獲得は、大変なターニングポイントです。せっかくこれほどの武器を手に入れても、発信者が話している言葉が「マジやべぇんだけど」では寂しいものがあります。

SNSやブログなどを用いて、誰もが簡単に表現者となれる時代が訪れたことは大変喜ばしいことです。しかし、その文章が「読む」「書く」から遠く離れて、「聞く」「話す」と同じ地平で書かれることが、当たり前になってしまっているという側面を常に意識しておくべきでしょう。なぜそれが問題なのかというと、実はそれだけを用いていると日本語力がどんどん低下してしまうからです。

書き言葉が基本

「読む」「書く」の能力というものは、「聞く」「話す」とは根本的に次元が違うものでした。明治時代までの先人たちは、読むとき、書くときは文語体で書いてきました。それが基本にあって、その上で、日常的な話し言葉があるという構造になっていて、そのことが豊かな日本語を生み育てる土壌となってきたのです。

ところが明治時代以降の「言文一致運動」でその構造が曖昧なものになり、その結果、文語体が軽視されるようになってしまいました。現在では文語体は、私たちの暮らしの中からほとんど消えつつある状態にまでなっています。

それは、日本語から読み書きの、とりわけ「書く」ときの背骨が抜けてしまっていることに等しいと私は考えています。

「別にそんなものできなくたって構わないじゃないか」と思う方がいらっしゃるかもしれませんが、一度文語体を放り投げてしまうと、二度と身につくことはありません。あとに残るのは、感覚的な話し言葉だけになってしまいます。それでは日本語を継承することは到底叶いません。

繰り返しますが、かつては文語体を「読む」ことで「書く」力が培われ、それを基軸に話し言葉が生まれてきました。その過程を経ていない話し言葉は、皆さんが考えている以上に質量ともに非常に貧しいものなのです。

これからご紹介する文語体の文章を一読すると、「こういう言葉は話し言葉では使わないね」という語彙にあふれています。まずその差異すらも感じないという方は、日本語の海の中に入っていないと言えるでしょう。ただ浜辺で遊んでいるだけで、潜って魚を獲ったり、アワビやウニのおいしさを味わったりできないということになります。せっかく目の前に豊かな海があるのだから、潜りこんで海の幸を獲ってみてはいかがでしょう。

本を読まない大学生のゆくえ

語彙力は日本語にかかわらず、言語にとって決定的な要素です。真の意味で「その言語を扱える」ということは、どれくらい豊富な語彙を駆使できるかということでもあります。少なくとも日本語における語彙力は、残念ながら「聞く」「話す」だけではそれほど身につきません。「読む」「書く」との相互作用がなされる構造がきちんと確立されていなければ、語彙は蓄積されないのです。

日本語力があるということは読解力があり、会話の精度が高いということでもあります。さらには、耳にした言葉を頭の中で漢字仮名交じり文に正しく変換できる聴解力でもあり、書いたときには誤字が少なく、「てにをは」がしっかりしているという文章力でもあります。その総合力をもって、日本語力があるということになります。身近なところでは、学校での試験が上手く解けるようになるほか、仕事のプレゼンテーションでも強い説得力を相手に与えられるようになるでしょう。

日本語の特徴には、漢語と漢熟語が単語の基本になっているという一面があります。この本の「日本語力判定ドリル」で出題している「逆鱗に触れる」、「不問に付す」のように、動詞が組み合わさって初めて生きてくるという構造があるので、その語句までをしっかりつかいこなせることが重要になってきます。

他にも「枚挙」という漢熟語が耳目に触れて、「にいとまがない」という語句がすぐに思い浮かぶか。「疑心暗鬼」という単語に対して「を生ず」とつなげられるか。「ここで一つの疑念を」と来たら「呈する」と言えるか。これらを自在に使いこなせていると、「ああ、この人は語彙力があって、話上手だな」という印象を相手に与えることができるのです。

また日本語は漢字を取り入れ、音字や正訓字、借訓字を用いて言葉を作り出してきました（第二章三八ページ）。その結果、同音異義語が非常に多いのも特徴です。ちょっとした内容を話そうとしたり、複雑なことを短く簡潔に表そうとすれば、漢熟語が多くなる。そのときに漢字が頭の中に浮かぶかどうかによって、相手の言っていることに対する理解度がまるで変わってきます。

日本語の特徴とは、簡単に言えば、文字が頭に漢字で浮かばないと正確に意味を取ることができない、意味が伝わらないということです。そして本来、こうした特徴を持つ日本語の「読む」力は読書を通して高めていくものなのです。

それにもかかわらず今日、大学生の約半数が一カ月に一冊も本を読まないという事態になっています。そうすると、書き言葉の語彙が増えない。ひいては洗練された日本語で話すことも困難になってくるということです。

可能性を画らないために

「今女は画れり」という孔子の言葉があります。「女」と書いて「なんじ」、計画の「画」で「かぎ（れり）」と読みます。

これは「ここまでしか自分にはできません」と言う弟子に対して、孔子がその態度を叱責した言葉です。「今お前は自分で自分の限界を設定し、見限ってしまっているのだ」ということです。

「画」という字を使って「かぎれり」と読めれば、語彙力があるということがわかります。線を引いて、ここまでは良いけれども、ここからはダメだよということを「かぎる」と言う。大和言葉と漢字の出会いの一例ですが、こうしたことも読書によってしか身につきません。

しかし今日は英語教育においても「聞く」力や「話す」力に重点を置く傾向にあります。そのほうが「実用的」だと考えられているからでしょう。しかしこれはよくよく考えるべき問題です。「読む」力と「書く」力が、知識人の、いや、知識人のみならず市民の根幹にあるからです。

かつての日本人は、その点を非常に重要視しました。ただ聞く、話すだけではなく、きちんとした文語体の文章を読み、そして文語体で書くという積極的なアウトプットをやってきたのです。

たとえば、津田塾大学の創始者である津田梅子（一八六四〜一九二九）は、一八七一（明治四）年、満六歳でアメリカに留学しましたが、渡米後すぐに日本へハガキを書いています。その文章が、とても六歳の娘さんが書いたとは思えない、しっかりした文章なのです。

それは、やはり当時の教育が、しっかりした読み書きの素地を、文語体を通して子どもたちにきちんと身につけさせるものだったからと言えるでしょう。江戸時代の寺子屋教育における、文語体を音読させるという教育法が、明治時代になってからも定着していたということです。

第一章でも申し上げましたが、現在の小学生の教科書には、写真や絵がたくさん盛りこまれ、文語体どころか、現在の文体の中でも非常にやんわりとした語彙の少ない日本語が使われているように見受けられます。やわらかい食べ物ばかりを摂っていると顎が弱くなるように、それでは日本語力の向上は見込めません。

国語力の低下と言われても、実感していない方も多いと思います。「自分たちは読むこともできるし、書くこともできる。むしろ、SNSなどを利用するようになって、前よりも書く機会が増えているのではないか」と。確かにインターネット社会では、世間一般に文字を打つ機会が増えています。しかし、その中に出てくる語彙とはどの程度のものなのでしょう。

「急がば回れ」の外国語習得

日本を代表する同時通訳者、英語教育者の鳥飼玖美子さん（一九四六〜）と英語教育について対談をしたときに、英語教育においても大事なのは日本語力であるということで意見が一致しました。言語を使う際には、何よりも意味をしっかり取ることが必要です。外国語を話すということは、母語で意味を取って、それをもうひとつの言語に移していかなければなりません。この「意味を取る」能力が母語でできていないと、英語力も何もないというわけなのです。

かつては、英語圏の一流の人間が書いた文章をそれ相当の日本語に訳せるかどうかが「英語ができる」ことのひとつの基準でした。しかし今は、英語で聞いて、英語で返す作業そのものが、英語脳であると評価されるようになり、「聞く」「話す」のほうへできるだけシフトしようと変わってきています。それでは、英語を通して知性を磨くことが難しくなってしまうのです。

一流の文章をきちんとした日本語に訳すときには、文法に則り、単語の意味も精査して確実な意味を取るべきであり、それによって知性は磨かれるのです。そこを曖昧にして、ぼんやりと「大体こういうことを言っているのではないか」と雰囲気だけで意味をつかもうとしても、それは正確な理解にはなり得ません。しっかりと意味をつかまえる精密な頭の働きを鍛えるには、より豊かな語彙に基づいた母語力が必要になってくるのです。訳すときに、口語体ではなく文語体、もしくは書き言葉で行うことによって、その訓練のさらなる充実を得ることができます。

第三章でも述べましたが、かつて漢文は外国語でした。中国語の文章というものを、我々の祖先は、返り点を打ちながら送り仮名を振って日本語のように読む、という発明をしました。外国語を日本語として読むことが、頭をフルに使うことになるのだとわかります。

たとえば、漢文が、返り点を打っていない「白文」の状態で出てきたときに、自然に返り点を打つような感覚で読めてしまう子どもたちが、かつてはたくさんいました。それは言わば、ほかの言語を通して自分の日本語力を鍛えていることになるわけです。そう考えると、日本語力を鍛える上において、外国語と一度しっかり向き合うことが、大層意味のあることなのだと実感できます。

外国語と日本語には当然ズレがあります。語彙もズレていますし、文法構造も全く違う。その中で、中国語で書かれたもの、あるいは英語で書かれたもの、フランス語で書かれたものの意味をしっかりと精密に取って、それを崩さないように日本語で表現する。それらを両手ですくった場合、もちろん多少の水は漏れてしまいますが、それでも八〇パーセント、八五パーセントの水を一個の容器に移せるか、それを飲むことができるか、ということなのです。

この「どれくらいの水をすくえるか」という「分量」の違いは、決定的な違いで、これが三五パーセントだと、ほとんど意味を取ることができません。しかし、八五パーセントであれば、大体の意味は取れる。もしかすると、ゲーテのドイツ語の詩の香りは多少抜けてしまうかもしれないけれども、『若きウェルテルの悩み』のストーリーはほとんどこぼれません。

その裏付けとして、何人かの訳者の手によるものを比べてみると、そのストーリーにはほぼ違いがありません。ドストエフスキー（一八二一〜一八八一）の『罪と罰』をロシア語で読めるという人はなかなかいませんが、何人もの訳者の手によるさまざまな翻訳を読むことはできます。それらを読んだあとに、ストーリーのここが違ったな、というようなことはまずないのです。ということは、意味はある程度正確に移すことができるということです。

もちろん語の微妙なニュアンスについては、移しきれないことがあります。たとえば『罪と罰』の主人公の名前「ラスコーリニコフ」には、「分割する、二つに分ける」といった意味合いがあるということが、江川卓《たく》さん（一九二七〜二〇〇一）の著書『謎とき『罪と罰』』に書かれていますが、そういうことは私たちにはわかりません。それが、斧で老婆の頭を二つに割ることを示唆していることまでは、わからないのです。

さらに、『カラマーゾフの兄弟』の「カラマーゾフ」という言葉には「黒く塗られた」という意味があり、それが作中で描かれる欲望とつながっていることなど、語彙のニュアンスについては解説を聞かなければわかりません。しかしながら、ストーリー自体を理解することはできます。

なぜかと言えば、訳した人の日本語力が高かったからです。ドストエフスキーが込めた意味を把握し、それが伝わる日本語をセレクトすることができる先人たちの言語能力の高さによって、私たちは当たり前のようにドストエフスキーを日本語で味わうことができているのです。

語彙や文体の手数が少ないとなると、表現できる意味も限られてしまいます。ドストエフスキーの文学を訳すには、訳すための日本語の語彙と文体が必要だということなのです。明治時代の日本人は、その問題に苦慮したのでした。中国から漢字の熟語を輸入したために語彙が爆発的に増えましたが、それをもってしても欧米の文章が流入したときには、日本語力の足りなさを感じたのです。

西周や福澤諭吉、二葉亭四迷、夏目漱石らもそうした作業を行ってきました。彼らが、新しい言葉を作って語彙を増やして……ということを繰り返し、正確に外国のものを取り入れたわけです。私たちが様々な分野において、難解な外国語で書かれたものを日本語で味わうことができるのは、そのお陰です。医学や法学の専門用語なども、精度の高い日本語がすでに出来上がっていて、レベルが高い。そのことは、医学の勉強も法律の勉強もどこまで行っても日本語でできてしまうことを意味しています。

日本語力で世界に通用する人間になる

今、英語をグローバルスタンダードにしようという波が日本の教育機関にも押し寄せてきています。大学教育を英語で行ったほうがいいのではないかという声もあります。日本人の先生が、日本人の学生に日本文学を教えるにあたって、「あなたは英語で教えられますか」という質問が来るほどです。

それはもうひとつのコントみたいになってしまうわけです。でも、それができるか否かということが、現実に教員採用のひとつの基準にもなってきているのです。留学生対策なのかもしれませんが、そもそも日本のことは日本で学びたいと言ってやってくる留学生は、日本語で生活することを前提としています。そこまでグローバルスタンダードに過敏になって、高等教育、大学教育、大学院教育で日本語よりも英語を重視する、この日本語軽視の傾向に対して、私は改めて警鐘を鳴らしたいと思います。

日本語が現在の形になったのは先人の残した恩恵であるというところに、私たちは今一度立ち返ってみる必要があります。そのお陰で、私たちはものを読んだときに意味を取ることができる。どれほど世界的にレベルの高い言説であっても、それをきちんと日本語で読むことができる。

そうしたレベルの言語を扱う非常に優れた文学者や作家が大勢いるということは、言わば強い国の証です。経済力や軍事力とは関係なく、文化的に強い、総合的に強い、知の強さを持っていることを示しているのです。日本語という母語だけで、すべての分野において未来を切り開くことができる、そのことを意味しているのです。

世界には、高校までは母語で学ぶけれども、大学教育は英語でないとカバーできないという国もあります。そのお陰で英語ができるようになって羨ましいと思うかもしれません。しかしそれは、第二言語でしか学べないという弱さの裏返しでもあるわけです。

英語は非常に便利なものかもしれませんが、どれだけの日本人が、そこまで英語を使って生活をしているかということです。たとえば英語がなくて経済が追いこまれるような事態になっているのか、英語でないと不便で意思の疎通が図れないのか――。

そうではありません。日本は経済的に成功した国ですが、それは英語力によってではないはずです。落ち着いて考えれば、この国を支えているものは、精密に頭を働かせることができる知力です。そして知力を支えているのが母語の使用能力なのです。

まさに日本語力に等しいそれは、語彙力に支えられている。そう考えると、その語彙を豊富に使え、しかも文法的にも破綻がなく、話すときにも書き言葉で話せるような人がもしいたとしたら、どんな分野でも活躍できる能力の持ち主だということになるでしょう。

私たちは何もかも、時代が進めば進歩すると思いがちですが、科学技術と違って言語はそういうわけにはいきません。私たちが二度とたどり着けない領域で、紫式部は日本語を駆使したのです。あのような日本語を書くことは、私たちはもうできないでしょう。

紫式部の書いている文章も、現代の作家が書く文章も、それぞれによさがあって価値が高いものであるから比べるわけにはいかないという方もいるかもしれません。しかし、『源氏物語』のように人の心の機微を、少ない言葉で表現したものは古今東西を見回しても稀有で、世界に誇る小説になっている。ドナルド・キーンさんが驚き、感動したのもそこで、「こんなものがこの世に存在していたのか」と思われて日本文学者になることを決意したのです。

訳してしまえば消えてしまうような香りを漂わせる日本語。そういうものを、私たちにはもう生み出すことができないのです。

いにしえのリズムを呼びさます

そんな今、私たちができることは消えつつある日本語の灯を絶やさないように、もう一度、文語体を味わって、かつての日本語の水準というものを学び直すことなのだと思います。それにはまず、驚かないといけません。皆さんが日本語を第一言語にしているのであれば「この日本語がすごい！」という例をたくさん挙げられるようになる必要があります。「本当に『源氏物語』のあそこの描写、紫の上と光源氏のあのやりとりって、たまらないよね」というような理解を共有できれば、日本語のすごさが共通認識になります。この共通認識というものが非常に大事で、これがなければ、私たちは一体何をめざしたらよいのかわからなくなってしまいます。ですからまずは「知る」ということが大事になってくるのです。

とはいえ、『源氏物語』の時代は、話し言葉も書き言葉と同じだったということがわかっていて、それは今の日本語とはかなり隔たりがあります。いくら文語体を学び直すといっても、あのレベルに戻って書いて話せということは難しいでしょう。

ではどうしたらよいのかというと、いきなり自らの生活に取り入れようとするのではなく、まずは『源氏物語』『徒然草』などを読んで、当時の日本語のすごさを認識する、味わうことから始めるのです。

少し時代が下がって『平家物語』になってくると、『源氏物語』よりは普通の文語体に近くなってきます。和漢混淆文と言われる大和言葉と漢語が交じった文体の傑作ですが、その点で現代の日本語と共通しています。

さらに琵琶法師が語り、その語ったものを聞くことでわかる内容であった「語り」の文学ということで、言葉の勢い、流れも自然なものになってきてより身近に感じられてきます。ですから先の章でも述べたように、音読し、暗唱することによって、リズムを自分の中に入れて、今の日本語に生かせるようになってくるのです。

書くときにも、『平家物語』そのままの語彙で書くというわけにはいきませんが、文語体のリズムが入ることによって、文章にリズムが出てくる。このリズムが大事なのです。

今の小学校の国語教育を見ていると、そのようなリズム感を持ち、生命感にあふれ、骨組みの強い日本語は少なくなっています。生き生きとした言葉よりは、説明文に埋め尽くされていますが、言葉には命が必要です。

『平家物語』には、滅びていく平家の者たちの命が詰まっています。あるいは戦う武士の気概も各所で感じられます。そうしたものがあふれて、合戦の場面をはじめ、生命感に満ちている。宇治川の合戦に川を馬で渡っていって誰が一番乗りをしたか、その名乗りを上げるときも、戦うこと以上にその名誉が大事なわけです。そうしたワクワクドキドキするような生命感と文章がセットとなって、『平家物語』の魅力になっています。

小林秀雄（一九〇二～一九八三）も『平家物語』には、「祇園精舎《ぎおんしょうじゃ》の鐘の声」といった仏教的な諦念だけでなく、合戦の生き生きとした感じがあふれていると評しています。それは文語体だからこそなし得たことです。それを現代語訳してみますと、不思議なことに、あの緊迫感が抜けてしまって、気の抜けた炭酸飲料みたいになってしまうのです。

クラシック音楽にみる古典の重要性

これも先に述べましたが、その学習方法としていちばんよい方法は、まず現代の言葉で意味を把握するということです。その上で原文を何度も音読する。よく「読書百遍意自ずから通ず」と信じて、原文を一〇〇回読めば身につくと思っている方がいますが、私はそれを全く信じていません。言葉を身につけるためには、まず意味がわかっていないとダメだと思うのです。

意味がわからないものを読み続けると、頭は働かなくなってしまいます。頭が働かない状態を延々と続けることは、人の頭を鈍麻させていくことになる。それは一種の暴力や虐待になってしまいかねません。

意味がわかった上で原文を何度も音読すると、文意はイメージとして全部わかります。しかも外国語ではなく、古文といえども日本語ですから、現代語訳を読んでおけば、ニュアンスがなんとなくわかるわけです。それを何度も音読して覚えてしまうと、日本語のいちばん精度の高い時代にできたものが、自分の中に入って、それが日本語の骨格となり、それを基準にしてそのほかの日本語が配置されることになるのです。

第四章でも触れたバッハ、モーツァルト、ベートーヴェンの三大巨匠は、言ってみればクラシックの骨組みを作った人たちです。クラシック音楽を志す人たちは、彼らの音楽を習わずに学ぶということはできません。

現代にも優れた音楽家はたくさんいますが、しかし、だからと言って二〇〇年、三〇〇年前の彼らの音楽が古いと言って聴かないわけではない。むしろ、音楽とはどのようなものかといったときに「バッハでしょう」「モーツァルトでしょう」「ベートーヴェンでしょう」と言う人のほうが多いはずです。

それぐらい、文化として定着しているわけですが、それと比べたときに、『平家物語』のような古典文学が、同じように私たちの日常の文化になっているのかということです。今はもう生み出せないかもしれないけれども、その良さは疑われることなく評価されている。そうした文化になっているかということです。

『平家物語』がこの世になかったら、この世はものすごく寂しいと思う人がどれだけいるのか。その問いかけを、私は皆さんに投げかけているのです。

論理の裏にあるものを読む

こんなにも素晴らしい古典作品があるにもかかわらず、ほとんどが高校までの授業で嫌いになって終わりになる。

しかも冒頭の章で触れたように、二〇二二年度から、国語は「文学国語」と「論理国語」に分けられることが決まっています。何度も申し上げますが、私はこれほど浅薄な案はほかに類を見ないのではないかと思っています。生徒たちは、どちらかを「選択」しなければなりません。たとえば「論理国語」を選んだ場合、その生徒は「文学国語」をやらなくてよいことになります。つまり文学にこそ表れている日本語のすごみというものに触れずに高校時代を終えてしまうことになるのです。その恐ろしい損失を顧みずに、「これからは論理的なものが必要だから」という一面だけを取り立ててクローズアップして、それひとつを選択していく——あり得ない選択です。

文学者というものは、緻密な論理性も兼ね備えているものです。たとえば三島由紀夫（一九二五〜一九七〇）の『金閣寺』を読んで、「これは論理国語ではないから文学国語のほうに入れさせてもらいます」と言ったとしたら、三島由紀夫があの世から蘇ってきて「冗談じゃない！」と憤慨するはずです。あの文章を読んで、三島由紀夫の論理性を疑う人がいるとすれば、どうかしていると思ってしまうほどの精度を備えています。鷗外、漱石の論理性にしても同じことです。この何十年かを通して、彼らの論理性に勝てる人が果たしてほかにいるのか。おそらくいないでしょう。

では具体的に「論理国語」で何をやるのか。駐車場の契約書の文書などの書き方、読み方を高校生に習わせるというのでしょうか。そんな日本語としての生命感がないものに専念している暇は彼らにはありません。

この制度が施行されれば、理系志望の人たちは、ほとんど「論理国語」を取るでしょう。テストでも「論理国語」のほうが重視されるとなれば、いよいよ誰もが駐車場の契約書的な文章を山ほど読まされることになる。そんな薄っぺらい認識で日本語の運命を阻害してほしくないということを、私は今、特に力を込めて言っておきたいのです。

さらにもうひとつ大事なことは、論理の裏には、必ず価値判断があるということです。論理の下にある価値判断というものは、裁判の場においても働きます。裁判官は、利益衡量して、どちらを勝たせたいかということをあらかじめ思って論理構成をするわけで、論理だけで判決するわけでは必ずしもないのです。そこには価値判断がある。

一般人の場合、評論文などを論理的に書いているようでも、感情が裏にある。この人はとにかくAI、ロボットが嫌いで書いているなとか、この人は逆にそれらがとにかく好きで書いているなとかいうことが見えてくる。あるいは資本主義が嫌いな人、資本主義が好きな人、そういう価値判断は必ずあります。その価値判断がまず根底にあっての論理なのです。

ですから、現代の評論文を読むコツというのは、その著者の価値観を把握することが非常に大事になってきます。この人は何が好きで何が嫌いなのかを把握する。論理の下には必ずそれを書いている人の感情や思惑が潜んでいますので、それを見落とさないようにする。

契約書も同じです。契約書に人の感情がないかというととんでもない。契約書を作っている側、たとえば何かを貸し出す側の「利益をできるだけ大きくしたい」という思いなどが読み取れるような、ちょっとした落とし穴が文言の中に作ってある……というようなことはよくあるのです。つまり、感情を読み取ることが、意味や論理を読み取る際にも最も重要であるということがわかります。文学は、感情を理解したり、人間を理解したりする上で最も重要なテキストです。よって論理的文章を理解するためにも、必要な教養なのです。

それをもし目先の受験などを理由に「文学国語は自分には要らない」と思う高校生がいたら、将来非常に可哀想なことになってしまいます。未来ある高校生に、このような選択をさせることは暴力と言っても過言ではありません。文学と論理を分けるような軽率な考え方をしているこの国において、もはやできることと言えば、一人ひとりが自分を守っていくことしかない。それこそが日本語力を鍛えることなのです。

明治時代の作品から読んでみよう

では、それをどこから始めたらよいのか。『源氏物語』を読むのか、『平家物語』を読むのか、といったときに、それは少し古過ぎると思われる方も当然いるでしょう。これらは文学という芸術ですから、味わうことに意味があります。しかし、実用的にそれを使うのかと言われると、確かに距離がある。趣味として読むのは良いけれども、実用には遠過ぎるかなと思う方には、よいテキストのゾーンがあります。それは、明治時代のものを読むということです。

江戸時代のものも、やはり古い。もちろん、なかには十返舎一九の『東海道中膝栗毛』や式亭三馬（一七七六～一八二二）の『浮世風呂』など、話し言葉も入っている親しみやすいものもあります。「あ、こんなふうに江戸時代の人も、理解できる日本語で話していたんだな」とわかるという意味ではよいのですが、内容がなにしろ滑稽ものですから、好きな方はともかく、そうでない方はなかなか読む気にならないかもしれません。

そこで、明治時代の文豪のものをお薦めします。なかでも私がいちばんに推したいのが、福澤諭吉です。生まれを考えますと、福澤諭吉は一八三五（天保五）年生まれですから、夏目漱石よりも随分年上の江戸時代の生まれの人です。「最も古い人間なのに読める人」

の代表格なのです。福澤諭吉の著作で日本語を習うと、「ああ、武士の訓練を受けた人が、このような開明的な考えを持ち、このように読み書きしているんだ」ということがわかります。そのメンタリティーは、海外に開かれていて現代に通じるものがあり、そのためにあまり古臭く感じさせないのでしょう。

現代人はまず、福澤諭吉を日本語の先生にして日本語力を鍛えるとよいと思います。福澤の著作を読んでいると、江戸時代に幼少期、青年期まで過ごした人間が、こういう日本語を使っているのだとわかり、かなり古いところまで地続きになります。この地続きということが大事で、文語体で書かれたものを味わうためには、まず読み手の気持ちを先達の思いと繋げることが出発点となるのです。

幸田露伴は漱石と同じ年の生まれですから、福澤よりはずっと年下ですが、彼の書く日本語を読むと語彙が豊富過ぎてついていけないという人もいると思います。その点、福澤は内容もわかりやすく、文語体の香りも高い。そういう文体であることがお薦めのポイントです。

なかでもふたつ有名な著作があります。ひとつは『学問のすゝめ』、そしてもうひとつが『福翁自伝』です。読んだことがなくても、とくに前者は題名を聞いたことがある人が多いはずです。前者は文語体ですが、後者は語り言葉です。ですから、まず古い日本語の世界に親しんで頂くために、後者の『福翁自伝』を読むことをお勧めしたいと思います。

福澤諭吉が生涯を語った『福翁自伝』

『福翁自伝』は、一八九七（明治三〇）年に速記者を前にして福澤が語ったものです。その六〇年の人生を口述したということですね。速記文に後から加筆を施したので、もちろん喋ったままではないのですが、語りのよさが残っていて、こんなふうに語れたら本当にいいだろうなと思える美しい日本語です。

内容を見ていきましょう。たとえば、〈門閥《もんばつ》制度は親の敵《かたき》〉という項目がありまして、こんな一文が出てきます。〈こんなことを思えば、父の生涯、四十五年のその間、封建制度に束縛せられて何事も出来ず、空しく不平を呑んで世を去りたるこそ遺憾なれ〉。この一文の中には、たとえば〈去りたるこそ遺憾なれ〉のような、古文の係り結びも出てきますし、あるいは〈不平を呑んで〉や〈束縛せられて〉といった、少し古い言葉遣いもあります。

さらにこんな文章も見られます。〈また初生児の行末を謀り、これを坊主にしても名を成さしめんとまでに決心したるその心中の苦しさ、その愛情の深き、私は毎度このことを思い出し、封建の門閥制度を憤ると共に、亡父の心事を察して独り泣くことがあります。私のために門閥制度は親の敵で御座る〉。この一段落を見ただけでも、もう今の人には書けない心情があふれているのが見てとれます。そういう優れた日本語なんですね。しかも、これは語られた言葉なのです。この恐るべき日本語力。これこそが日本語のお手本みたいなものだと思います。

物事がどうなっているか、親がどのように考えたかもわかる。そして、自分がそれに対して、親に対してどういう思いを持っているのかもわかり、意味も通じる。さらに最後に〈門閥制度は親の敵で御座る〉と締めくくられているのを見ると、ああ、この人は生まれで人を差別するようなことを親の敵だと思って生涯生きてきたのだなという、その志や骨までわかってくるのです。

短い一段落ですが、名文です。当の福澤本人にしてみれば、別に名文でも何でもなく、「だって、こういうふうにしか言えないでしょう?」とでもいうようなものです。しかし、それが今に生きる私たちにとっては、出てくるもの全部が黄金という感じに見えてしまうというわけです。触れるものがみな金になるミダース王のようなもので、話す言葉のすべてが、優れているということなのです。

もう少し見ていきましょう。〈年十四五歳にして初めて読書に志す〉という項目がありますが、〈素読〉をしたということで、〈私は天稟《てんぴん》、少し文才があったのか知らん、よくその意味を解《げ》して、朝の素読に教えてくれた人と、昼からになって蒙求《もうきゅう》などの会読をすれば、必ず私がその先生に勝つ〉と書いています。〈先生は文字を読むばかりでその意味は受け取りの悪い書生だから、これを相手に会読の勝敗なら訳《わ》けはない〉〈意味を解することには何の苦労もなく存外早く上達しました〉というようなことを述べています。意味がわかるというのが重要なことで、ただ読んでいるのではないということがわかるのです。

それに続く〈左伝通読十一遍〉という項目では、あれこれ本当によく読んだということで、〈歴史は史記を始め、前後漢書《ぜんごかんじょ》、晋書《しんじょ》、五代史、元明史略《げんみんしりゃく》というようなものも読み、殊に私は左伝が得意で、大概の書生は左伝十五巻の内三、四巻でしまうのを、私は全部通読、およそ十一度《た》び読み返して、面白いところは暗記していた〉と言っています。

これは福澤にとっては普通のことなんですね。面白いからやっている。これだけ学びながら、漢学は役に立たないなどと言って、漢学に批判的なのもずるいと思うのですが、これを見れば明らかなように、この人の体は漢学で養われていると言ってもいいくらいなのです。そこのところを真に受けて「あ、漢学は役に立たないんだ」と思わないでくださいね。

また〈喜怒色《きどいろ》に顕《あらわ》さず〉の項では〈あるとき私が何か漢書を読む中に、喜怒色に顕さずという一句を読んで、その時にハット思うて大いに自分で安心決定《あんじんけつじょう》したことがある。「これはドウモ金言だ」と思い、始終忘れぬようにして独りこの教えを守〉っていたということで、生涯一度も喧嘩したことなどないと言うのです。〈いわんや朋輩同士で喧嘩をしたということは、ただの一度もない。ツイゾ人と摑合《ツカミヤ》ったの、打ったの、打たれたのということは一寸《ちょい》ともない〉とも言っています。〈老年の今日に至るまで、私の手は怒りに乗じて人の身体《からだ》に触れたことはない〉とまで言い切っているのです。

当時の雰囲気を文章から味わう

この時代の人と言えば、武士ですから、下手をすればすぐに斬りかかるといったところがあっても不思議はありません。しかし、ひとつの言葉に出会って、それを自らのものにしたということが、生涯を通した生き方にまでなっているのです。これはニーチェも言っているとですが、「血で書かれたものは諳《そら》んじられることを欲する」なのです。命がけで書いた文は、ただ読んだという読書ではなく、それを諳んじて自分の中に刻みこむようにして読んでほしいということです。読書するような怠け者を憎むとさえ言っていますが、今は読書する人すら減っているので、差を感じます。

『福翁自伝』に戻りますが、文章の格調の高さもありながら、あふれ出る日本語のテンポというものも感じられます。〈兄弟問答〉という項目では、〈あるとき兄が私に問を掛けて「お前はこれから先、何になる積りか」と言うから、私が応えて「左様さ、まず日本一の大金持になって思うさま金を使うてみようと思います」と言うと、兄が苦い顔をして叱ったから、私が反問して「兄さんは如何《どう》なさる」と尋ねると、真面目に「死に至るまで孝悌《こうてい》忠信《ちゅうしん》」とただ一言で、私は「ヘーイ」と言ったきりそのままになったことがある〉といった、思わずクスッと笑ってしまうようなユーモラスな文章も書かれています。何かまるで落語を聞いているかのようなテンポのよさがありますね。こうした軽い日本語も使っているのです。

文語体と言うと、ちょっと重い感じがするかもしれませんが、基本がしっかりした人の文章は、背骨が通っていることがわかるしなやかな動きになります。クラゲ人間のようにはならないということなのです。

ですから、この福澤諭吉のような日本語力があった場合、私たちは話すときですら名文で話せる、洗練された文章で話せることになるわけです。当時でも、普段はもちろん今の日本語と変わらない日常用語で話していたわけですが、やはり書くとき、喋るときには文語体の素養がつい出てしまう。そういうことが大事なポイントなのです。

さらに、お薦めのところを挙げてみましょう。〈書生の生活　酒の悪癖〉の項目、興味深いタイトルです。〈酒癖は、年齢の次第に成長するに従って飲み覚え、飲み慣れたというでなくして、生れたまま物心の出来た時から自然に数奇《すき》でした〉。簡単に言うと、不思議なことに子どもの頃からお酒好きということです。

続いて、〈今に記憶していることを申せば、幼少のころ月代《さかやき》を剃るとき、頭の盆の窪を剃ると痛いから嫌がる。スルト剃ってくれる母が「酒を給《た》べさせるからここを剃らせろ」というその酒が飲みたさばかりに、痛いのを我慢して泣かずに剃らしていたことは幽《かす》かに覚えています〉。お酒を飲ませてくれるから月代を剃らせたということですね。幼少のころの話というのがなんとも言えません。そして〈天性の悪癖、誠に愧《は》ずべきことです〉というわけです。

〈その後、次第に年を重ねて弱冠《じゃっかん》に至るまで、外《ほか》に何も法外なことは働かず行状《ぎょうじょう》はまず正しい積りでしたが、俗にいう酒に目のない少年で、酒を見ては殆《ほと》んど廉恥《れんち》を忘れるほどの意気地なしと申して宜しい〉。この最後の〈申して宜しい〉までが笑えてしまいます。

こうしたユーモアあふれる会話文はほかにも見られます。

少し戻ったところに先生との会話があるのですが、こちらを見てみましょう。〈実はこういう築城書を盗写《ぬすみうつ》してこの通り持って参りました〉と言うと、〈先生は笑って「そうか、ソレは一寸との間に、怪《け》しからぬ悪い事をしたような、また善い事をしたようなことじゃ。何はさておき、貴様は大層見違えたように丈夫になった」「左様でございます。今も身体は病後ですけれども、今歳《ことし》の春大層御厄介になりましたその時のことはモウ覚えませぬ。元の通り丈夫になりました」「それは結構だ。ソコデお前は一切聞いてみると如何《いか》にしても学費のないということは明白に分ったから、私が世話をしてやりたい、けれども外《ほか》の書生に〉ちょっと示しがつかないので、〈この原書を訳させる〉ということにして学費に代えるという、そういう先生とのやりとりであります。

この「先生」とは大坂「適塾」の医師であり、蘭学者である緒方洪庵（一八一〇〜一八六三）で、会話に気品も感じます。こういう会話も、文語体の奥行きがあってこそ互いに自然にできるということなのでしょう。

このように、最高の日本語を味わえて、そして、日本の歴史までわかるということで言うと、『福翁自伝』は、日本人が真っ先に読むべき本であると思います。その中には、一所懸命毎日勉強した、というような話がたくさん出てきます。

〈さて如何《どう》したら宜かろうかと考えた〉ということで、〈字引さえあればもう先生は要らないと、自力研究の念を固くして、ただその字引と首っ引きで、毎日毎夜独り勉強〉とのこと。〈心掛け〉たということで、勉強の話もたくさん出てくるので、やる気になる。そういった心意気についても素晴らしいものがあります。

福翁の正直な人柄

福澤は一八三五（天保五）年の生まれですから、時代が明治に変わったときには三五歳。すでに完全な大人でした。その八年前には咸臨丸に乗り組み、アメリカに行き、ヨーロッパにも行っています。武士の世から文明の世へ社会が激変する時期に多感な青年期を過ごし、歴史の大転換をすべて見てきたわけですが、そういう人が、このようにしなやかな、今読んでもわかる日本語で語り切っている。こんな日本語があるのかと、それは驚くほどで、私はこれを読めば読むほど、この人の精神のしなやかさに圧倒されてしまうのです。

まず言葉のテンポがいい。どんどん続けますが、〈師弟アベコベ〉では長崎遊学中に初めてオランダ語を習った医学生についてこんなことを言っているくだりがあります。〈「これは高の知れた人物だ。今でも漢書を読んでみろ、自分の方が数等上流の先生だ。漢蘭等しく字を読む義を解《かい》することとすれば、左《さ》までこの先生を恐るることはない〉。

オランダ語の先生を見た瞬間に、いや、これ大したことないなと思ったというわけですね。オランダ語だって漢語だってどちらも同じく〈字を読み義を解すること〉なのだから、であれば〈如何《どう》かしてアベコベにこの男に蘭書を教えてくれたいものだ〉と、オランダ語に触れるのが初めてにもかかわらず、考えるのです。〈生々《なまなま》の初学生が無鉄砲な野心を起したのは全く少年の血気に違いない〉というわけですね。少年の血が騒いだというわけです。

〈ソレはそれとしてその後〉いろいろ勉強して、思った通り〈三、四年の間に今昔《こんせき》の師弟アベコベ〉になってしまったのです。〈私の無鉄砲な野心が本当なことになって、もとより人には言われず、また言うべきことでないから黙っていたが、その時の愉快はたまらない〉。要するにかつて先生だったその人が、蘭学の塾にあとから入ってきたんですね。福澤のほうが上席にいたわけです。

自分はそういう馬鹿げた野心があるから、おかしい、恥ずかしいというようなことも書いてありますが、福澤はそのように正直者なのです。精神がカラリと晴れていて、威張っているわけでもないけれども、謙虚でもない。ただスッキリしているだけなのです。

よく日本人は「謙虚であれ」と言いますが、福澤はその点、できるものはできると言ってしまうところがあって、謙虚とは少し違う。その辺りの人柄の透明感なども、「読む」ことで感じられるのです。

『学問のすゝめ』は「独立のすゝめ」

私は慶應義塾大学でも教えていたことがあり、学生たちに「皆さんは、もちろん『福翁自伝』はお読みになったとは思いますが……」と話をしたものです。慶應の学生は、入学のときに『福翁自伝』がわたされるからです。

しかし、「福澤はこう言っていますよね」と尋ねても、話が通じない人もいる。これはいかがなものだろうかと思います。私は慶應に限らず、自分の教えている大学では、入学したての一年生の最初の学期に、必ず学生に『学問のすゝめ』と『福翁自伝』をセットで読んでもらうようにしています。ほかにもニーチェの『ツァラトゥストラ』やデカルトの『方法序説』、『論語』なども読んでもらいますが、なかでも特に日本人として読んでおくべきものと言えば、それらと並んで、『学問のすゝめ』と『福翁自伝』なのです。この二冊を読むと、日本の行く末というものがおよそ見えてくるからです。

『学問のすゝめ』には〈独立の気力なき者は、国を思うこと深切ならず〉とありますが、個人が独立して国が独立する。だから、国の独立を守るために一人ひとりが独立心を持たなければいけないというのが、一冊を通しての主旨です。文語体ではありますが、言っていることが難しいわけでは決してありません。

ほか、〈独立の気力なき者は必ず人に依頼す、人に依頼する者は必ず人を恐る、人を恐るる者は必ず人に諛《へつら》うものなり〉とあります。独立の気力のない人は人に依頼して、どんどん人を恐れて、へつらっていくということですね。短い文章ですが、独立心に欠けることが何を引き起こすかを端的に指摘しています。

さらに〈官私を問わず先ず自己の独立を謀り、余力あらば他人の独立を助け成すべし。父兄は子弟に独立を教え、教師は生徒に独立を勧め、士農工商共に独立して国を守らざるべからず〉とあります。そして〈概してこれを言えば、人を束縛して独り心配を求むるより、人を放ちて共に苦楽を与にするに若かざるなり〉。人を束縛するよりも、人を解放して、苦楽を共にするということですね。すべて〈人民に独立の心なきより生ずる災害なり〉であるから、この世に生まれて国を愛するのだったら、まずは自分が独立心を持てということを訴えているのです。この本は『学問のすゝめ』でもありますが、自分の足で立てという「独立のすゝめ」ということなのです。

ほかにも〈外国に対して我国を守らんには、自由独立の気風を全国に充満せしめ、国中の人々貴賤《きせん》上下の別なく、その国を自分の身の上に引き受け、（中略）各々その国人たるの分を尽《つ》くさざるべからず〉とあります。みんなで自由独立の気風を全国に充満させようというものです。身分制度がはっきりとあった江戸時代が終わり明治に入ったばかりですから、「人に諛う」ことを気風として持っていたのでしょう。それではダメなんだということで、新しい時代に人民の独立心を育てようということが主たるテーマとして訴えられているのです。

独立心とはどのようなものなのか。それを理解する鍵として〈一身独立して一国独立する事〉という項目があります。〈国と国とは同等なれども、国中の人民に独立の気力なきときは一国独立の権義伸ぶる事能わず〉。そして先に引きましたが、〈第一条独立の気力なき者は、国を思うこと深切ならず。／独立とは、自分にて自分の身を支配し、他に寄りすがる心なきを言う。自ら物事の理非を弁別して処置を誤ることなき者は、他人の智恵に依らざる独立なり〉ということなんですね。

英語教育のあるべき進め方

前節まででかなりの引用文を見て頂きましたが、文語体でも意外に読みやすかったのではないかと思います。文語体ではありますが、スッキリとしていて、福澤にとってはこれが自然な文体なのです。無駄のない効率的な文章とも言えるでしょう。しかし、現代人はこれを読むのがつらいかもしれません。それは、あまりにも日本語を食べる顎と歯が弱ってしまっていて、硬いものが食べられなくなってしまっているからです。ましてや書けるかというと、読む以上に歯が立ちません。これは非常にもったいないことで、このような日本語をまずはスラスラと読めるようになってほしいということです。

私は『福翁自伝』の現代語訳も出しているのですが、『平家物語』と同じく、原文とどちらがよいか学生に聞いてみると、原文がよいと口を揃えて言います。『福翁自伝』は口述筆記なので特にそうですが、福澤の言葉はとにかくテンポがよく、どの箇所にも線を引きたくなるくらい優れた日本語と言えます。ですから、どんな日本語を目指すべきかと言われれば、まずこの福澤諭吉の言葉を目標に立てるとよいのではないかと思います。

先にも述べましたが、福澤は漢文のしっかりした素養があって、その上でオランダ語も英語もできました。ですから、英語を偏重される皆さんには、ぜひまずは幼少期に漢語を学ばれてはいかがでしょうかと、併せて申し上げたいのです。

ペラペラとしゃべるだけでは、さほどの価値がないということに気づかなければいけません。英語を母語とする国でも、しゃべれるだけではさほど評価はされないのです。

日本でもだんだん「英語ができなければ会社にいられませんよ」「昇格できませんよ」などとプレッシャーをかけられることが多くなってきていて、幼い子どもを抱える親御さんたちも、我が子をバイリンガルに育てようと躍起になっています。

そういう人たちにこそ、「福澤諭吉を読んでください」と今一度強く訴えたいと思います。日本語がまずしっかりと仕上がっていなければ、精密な外国語を読むことはできません。予備校で英文和訳の指導をしていたことがありますが、生徒の答えには、何を言っているかわからない訳文が非常にたくさん見受けられました。「この日本語は一体どういう意味なんだ?」と尋ねると「私もわかりません」と言うんですね。これではどうしようもない。せめて意味のあることをきちんと書くという指導をしなければなりません。

ですからこれは、英語云々以前に、日本語に問題があるということなのです。私の知人友人には翻訳家もたくさんいますが、彼らはみな「日本語力が最重要だ」と言います。最も大事なことは日本語で精密に意味を構築するということであり、ひとつの単語、ひとつのカンマも揺るがずに読み取っていくことです。

こういう訓練を英文和訳、英文解釈で鍛えていくことが、私は英語教育においては大事なのではないかと思っています。と言うのは、英語をその後たとえ使わなかったとしても、そこで鍛えられた精密な頭の働きというものが、生涯の財産になるからです。それにあたっては、これは古典中の古典にはなりますが、原仙作先生（一九〇八〜一九七四）の『英文標準問題精講』や、伊藤和夫先生（一九二七〜一九九七）の『英文解釈教室』などに学ぶことを、私としてはお勧めしたいものです。

よく遊び、よく学ぶ

福澤諭吉は、古文、漢文を身につけた上でオランダ語、英語を習得したという、言ってみれば、一人で日本語の運命を体現しているような人物です。その意味でも彼の日本語を学ぶということは、私たちにとって意義が大きいと言えるでしょう。黙読でもよいのですが、できれば音読して頂き、さらに大笑いして頂くのがよいと思います。むしろこれで笑わないという方は、本当に福澤をわかっているとは言えないかもしれません。

たとえば『福翁自伝』に〈何のために苦学するかといえば一寸《ちょい》と説明はない。前途自分の身体《からだ》は如何《どう》なるであろうかと考えたこともなければ、名を求める気もない。名を求めぬどころか、蘭学書生といえば世間に悪く言われるばかりで、既《すで》に已に焼けに成っている。ただ昼夜苦しんで六《むつ》かしい原書を読んで面白がっているようなもので、実に訳《わ》けのわからぬ身の有様とは申しながら、一歩を進めて当時の書生の心の底を叩いてみれば、おのずから楽しみがある。これを一言《いちげん》すれば——西洋日進の書を読むことは日本国中の人に出来ないことだ、自分たちの仲間に限って斯様《コン》なことが出来る、貧乏をしても難渋をしても、粗衣粗食、一見看る影もない貧書生でありながら、智力思想の活発高尚なることは王侯貴人も眼下に見下すという気位で、ただ六かしければ面白い、苦中有楽《うらく》、苦即楽という境遇であったと思われる。たとえばこの薬は何に利くか知らぬけれども、自分たちより外《ほか》にこんな苦い薬を能《よ》く呑む者はなかろうという見識で、病の在るところも問わずに、ただ苦ければもっと呑んでやるというくらいの血気であったに違いはない〉という一節があります。

つまり、何のために苦学するか、自分たちでもよくわからない。名声を求めるどころか、蘭学生と言えば世間から悪く言われるばかりでもうヤケになっている。ただ、とは言いながら、日本国中でこんなに難しいものを読めるのは自分たちぐらいだと思えば楽しみもある。自分たち以上にこんなに苦い薬を呑むものもいないだろう。苦けりゃもっと苦いものを読んでやろうと言っているんですね。ヤケになっているわけです。この一節に私は爆笑してしまいました。福澤という人は本当に面白い人です。と同時に、この貧乏書生たちの心意気が国を作ったのだなと改めて痛感したのです。明治維新がなぜ可能だったのかと言えば、こうした心意気を持った人たちがいて、一身独立すること、国も独立すること、それをただひたむきに求めたからなのでしょう。オランダ語も苦けりゃ苦いほど呑んでやろうという青年の心意気であり血気のなせる業《わざ》だったのです。

その分、遊び方も派手でした。非常にエネルギッシュで、この頃の学生と比べると、今の学生は真面目だけれども小さくまとまっているなあと、そこはちょっと寂しい気もします。

樋口一葉の宝石のような日本語

私が指導する大学の講義では、福澤の文章に慣れてくると、次に夏目漱石の文章で同じことをやります。漱石の文章をスラスラ読めるようになると、これはまた相当レベルの高い日本語が身についてきます。福澤から漱石ですと、時代は三〇年ぐらい飛ぶのですが、その間に実は忘れてはいけない作家がいます。それが樋口一葉です。

彼女は一八七二（明治五）年の生まれですから、生まれたのは漱石より後ですが、最初の小説『琴の音』を『文学界』に発表したのが一八九三（明治二六）年ですから、漱石の『坊っちゃん』よりも一〇年以上早いことになります。

明治の人ですから、福澤よりも私たちに、より地続きの文章であるはずなのですが、彼女の文体は「擬古文」と呼ばれるもので、『源氏物語』などの時代の古文を模した、その時代においても珍しいものでした。しかも、その「擬古文」をきちんと自分のものにして書けてしまったところに、並々ならぬ才能が光っているのです。

わずか二四歳で亡くなってしまうその直前に、その才能は何かに憑かれたかのように華々しく花開いていきます。次々と傑作を生み続けたその時期は「奇跡の一四カ月」と呼ばれているほどです。吉原の廓《くるわ》で育った一四歳の少女・美登利と、僧侶の息子・信如の淡い恋を描いた『たけくらべ』、病気の伯父から借金の支払いを頼まれ、奉公先に借りる約束をする一八歳のお峰が、どうしても借りられずに苦悩する大晦日の様子を題材にした『大つごもり』など、いずれも名作ぞろいですが、その切ない物語が私は大好きです。

何より素晴らしいのがその文章です。この時代にこのように美しい文章を書けた日本人がいたのかということに、もう惚れ惚れしてしまうのです。これはまず読んで頂きたいと思います。とにかくその美しさに絶句されることでしょう。樋口一葉に驚かなかった人、驚いた経験のない人というのは、ほとんど日本語がわかっていない人だと言っても過言ではないと思います。ミケランジェロを知らないで「彫刻ってこういうものでしょう」と言っているようなものです。

擬古文の系譜

樋口一葉の文章は、日本語のひとつの華なのです。当時すでに失われていた『源氏物語』の世界の日本語が、その時代に蘇ってきたということです。なぜそのようなことができたのか、それは古い時代の人だからということではありません。明治時代の人でも、江戸時代の人でも、当時『源氏物語』はそう簡単に読みこなせなかったわけです。

賀茂真淵だって『万葉集』を読むのに苦労し、本居宣長も『古事記』を読むことに大変な思いをしたわけです。すでに難しかった古文が、樋口一葉という天才によって蘇って、明治時代当時の現代の感覚になって出てきたということなのです。ひとえに樋口一葉の生まれながらの才能と勉強によって、なんですね。

彼女のどの作品も、全編どこを切り取っても、今の日本人が絶対たどり着けない境地に達しています。画家の安野光雅さん（一九二六〜）が『青春の文語体』という、文語体の作品を薦める本を出されていますが、その中でもやはり絶賛されているのが樋口一葉なのです。樋口一葉は古文を愛し、それを自分の中に入れたら、湧き出るように出てきたわけです。その文章は、『たけくらべ』でもそうですが、どんどん連なっていって、なかなか句点が出てきません。それも古文の書き方のひとつです。

こうした文体も使われている語彙も、今の日本人には使いきれないようなものばかり。この日本語が、今、完全に失われてしまったのだなと思うと、その事実に愕然とします。何とも言えない哀切の念を感じます。この日本語を書ける人がいて、それを読んで楽しんでいた人がいて、それが忘れられてしまったという現実がたまらないのです。ぜひこれも、意味を理解してから、音読して味わって頂くことをお勧めします。たとえばこれは『たけくらべ』の冒頭です。

〈廻れば大門《おおもん》の見返り柳いと長けれど、お歯ぐろ溝《どぶ》に燈火《ともしび》うつる三階の騒ぎも手に取る如く、明けくれなしの車の行来《ゆきき》にはかり知られぬ全盛をうらなひて、大音寺前《だいおんじまえ》と名は仏くさけれど、さりとは陽気の町と住みたる人の申き、三嶋神社《みしまさま》の角をまがりてよりこれぞと見ゆる大厦《いえ》もなく、かたぶく軒端《のきば》の十軒長屋二十軒長や、商ひはかつふつ利かぬ処とて半《なかば》さしたる雨戸の外に、あやしき形《なり》に紙を切りなして、胡粉《ごふん》ぬりくり彩色《さいしき》のある田楽みるやう〉

あるいは終盤の美登利と信如のやりとりの部分も胸に迫るよい場面です。

〈見るに気の毒なるは雨の中の傘なし、途中に鼻緒を踏み切りたるばかりは無し、美登利は障子の中ながら硝子《がらす》ごしに遠く眺めて、あれ誰れか鼻緒を切つた人がある、母《かか》さん切れを遣つても宜う御座んすかと尋ねて、針箱の引出しから友仙ちりめんの切れ端をつかみ出し、庭下駄はくも鈍《もど》かしきやうに、馳せ出でて椽先の洋傘《こうもり》さすより早く、庭石の上を伝ふて急ぎ足に来たりぬ。それと見るより美登利の顔は赤う成りて、どのやうの大事にでも逢ひしやうに、胸の動悸の早くうつを、人の見るかと背後《うしろ》の見られて、恐る恐る門の傍《そば》へ寄れば、信如もふつと振返りて、これも無言に脇を流るる冷汗、跣足《はだし》に成りて逃げ出したき

思ひなり〉

こういった美しい場面がいくつもあるので音読し、宝石のような日本語を自らの体の中に取り入れて味わって頂きたいと思います。

樋口一葉は擬古文で文語体を継承した最後の華だったのですが、しかし、この流れが完全に死に絶えてしまったというわけではありません。たとえば谷崎潤一郎の『春琴抄』もその系譜にあると言ってもいいでしょう。時代がずっと下がるのでより読みやすいですが、あの作品も句点がなくどこまでも続いていって、どこで区切られているのかわかりにくい文章になっています。このスタイルで行くと、中上健次（一九四六〜一九九二）の『千年の愉楽』などもその伝統を受け継ぐものと言えるかもしれません。

このように文学の世界で擬古文の伝統は、首の皮一枚という心細さはありますが、なんとか現代の文豪までつながっています。

一葉をはじめとするこれらを「よい」と思う感性なくして日本語を使っているとは言えない、というのが私のスタンスです。日本語は、もちろん母語ですから私たちには身近なのですが、あまりに身近過ぎて、その奥深さをまるで味わっていないということが残念でならないのです。

『牡丹燈籠』が大衆に与えたもの

第四章でも述べましたが、日本語の運命において、ひとつの大きな分岐点ともなった作品が初代三遊亭圓朝作の『牡丹燈籠』という怪談です。初代三遊亭圓朝は、一八三九（天保一〇）年、江戸湯島の生まれ、幕末から明治にかけて活躍した落語家で、人情噺や怪談など数々の古典落語を創作しました。そのひとつがこの『牡丹燈籠』で、一八八四（明治一七）年に、速記本が出版されるや否や、大ベストセラーになったのです。

浪人の萩原新三郎《はぎわらしんざぶろう》は旗本飯島平左衛門の娘、お露《つゆ》と出会い、互いに一目惚れ。お露は夜ごと新三郎のもとを訪れ逢瀬を重ねますが、実はその正体は幽霊だったというあらすじです。お露が新三郎を訪ねてくるときの、下駄のカランコロンという足音があまりにも有名ですが、速記本は全部で二二の章立ての形をとっており、お露の幽霊の話に、平左衛門の忠僕・孝助の仇討ちや殺人など、多くのエピソードが絡み合う壮大な物語になっているのです。

これがなぜ日本語の運命において、ひとつの大きな分岐点となったかと言いますと、落語の名人・圓朝のしゃべったそのままを伝えるというものであったからです。当時、二葉亭四迷が言文一致運動を始めるにあたって、坪内逍遥から「圓朝の口述のものを参考にしたらどうか」というアドバイスを受けました。

考えてみると、落語はそもそもが話し言葉のわけですね。それを口述筆記したものは言文一致に決まっていると。それがひとつの皮切り、お手本になりまして言文一致運動が進んだとも言われていますが、落語に関してはその前にすでに言文一致は出来上がって完成していたようなものなのです。

〈新「あれさ、志丈さん、ああ往《い》って仕舞った、お嬢が死んだなら寺ぐらいは教えてくれればいいに、聞こうと思っているうちに行ってしまった、いけないねえ、しかしお嬢は全くおれに惚れ込んでおれを思って死んだのか。」／と思うとカッと逆上《のぼ》せて来て、根が人がよいからなおなお気が鬱々して病気が重くなり、それからはお嬢の俗名を書いて仏壇に供え、毎日毎日念仏三昧で暮しましたが、今日しも盆の十三日なれば精霊棚《しょうりょうだな》の支度などをいたしてしまい、縁側へちょっと敷物を敷き、蚊遣《かやり》を薫《くゆ》らして、新三郎は白地の浴衣を着、深草形の団扇を片手に蚊を払いながら、冴え渡る十三日の月を眺めていますとカラコンカラコンと珍らしく下駄の音をさせて生垣の外を通るものがあるから、不図《ふと》見れば、先きへ立ったのは年頃三十位の大丸髷《おおまるまげ》の人柄のよい年増にて、其の頃流行った縮緬細工《ちりめんざいく》の牡丹《ぼたん》芍薬《しゃくやく》などの花の附いた燈籠を提げ、其の後から十七八とも思われる娘が、髪は文金《ぶんきん》の高《たか》髷《まげ》に結い、着物は秋草色染の振袖に、緋縮緬の長襦袢に繻子《しゆす》の帯をしどけなく締め、上方風の塗柄の団扇を持って、ぱたり〳〵と通る姿を、月影に透かし見るに、何うも飯島の娘お露のようだから、新三郎は伸び上り、首を差し延べて向うを見ると、向うの女も立止まり、／女「まア不思議じゃアございませんか、萩原様。」／と云われて新三郎もそれと気が付き、／新「おや、お米さん、まアどうして。」／米「誠に思いがけない、貴方様はお亡くなり遊ばしたという事でしたに。」／新「へえ、ナニあなたの方でお亡くなり遊ばしたと承りましたが。」／米「厭ですよ、縁起の悪い事ばかり仰しゃって、誰が左様な事を申しましたえ。」／新「まアおはいりなさい、其処の折戸のところを明けて。」〉

　というふうにずっと続くわけです。このカランコロンの名場面ですが、このようなところにも美しい描写が続いていくのを、当時の落語の聴衆は味わって聞いていたことになりますから、その日本語力は高いと言えます。たとえば〈盆の十三日なれば精霊棚の支度〉とありますが、精霊棚と言われても、今は漢字が浮かばない、書けないという人も多いと思うのです。〈蚊遣を薫らして〉とか〈深草形の団扇を〉とか〈縮緬細工の牡丹芍薬などの花の附いた燈籠を提げ〉とか、こうした世界観を当時の大衆は味わえていたということです。

講談という一筋の光

『牡丹燈籠』は会話の部分だけではなくて、言葉遣い全般が美しいんですね。たとえば事情を説明するこんなくだりもあります。

〈主殺《しゅごろし》の罪に落さずして彼が本懐を遂げさせんがため、わざと宮野辺源次郎と見違えさせ討たれしこと、孝助を急ぎ門外《もんそと》に出《いだ》しやり、自身に源次郎の寝室《ねま》に忍び入り、彼が刀の鬼となる覚悟、さすれば飯島の家《うち》は滅亡いたすこと〉

など、これも全部文語体なわけです。これを全部覚えて口演している圓朝もすごいですが、この文体を延々と聞かされて、それで理解していたという聴衆もすごい。それだけの日本語力を備えていたということですね。圓朝は確かに天才だと思いますが、これを聞いてわかって、楽しんで娯楽にしていた人たちがいた。たかだか一〇〇年から一五〇年前の明治の時代には、このように文語文による描写を聞く人がいたのだなとその日本語力のレベルに驚きを禁じ得ないのです。

最近、講談師の神田松之丞さん（一九八三〜）という方が大人気です。あまりの人気ぶりに公演のチケットを取るのも難しいのだとか。講談は人気が低迷していた時代も長くありましたが、ついに天才現るという感じで私も嬉しく思っています。

講談は私も聞きにいきますが、とにかく次から次へと言葉が出てくる。NHK Eテレの『にほんごであそぼ』を私は総合指導していますが、その番組にも神田山陽さん（一九六六～）という講談師に出て頂いています。それを聞いていても、とにかく言葉があふれ出てくるんですね。そのテンポのよさが素晴らしい。そこには文語調の文体も使われているわけです。落語もそうですが講談も、日本語の話芸、芸術ですね。芸です。日本語のひとつの華であり一番の成果と言ってもいいかもしれません。

昔はラジオの朗読劇も世間一般に楽しんだものでした。徳川夢声さん（一八九四～一九七一）が『宮本武蔵』を朗読していたときなどは、みんなが毎日ハラハラしながら楽しみに聞いていたものです。以前『徹子の部屋』に呼んで頂いたときに、黒柳徹子さん（一九三三～）も、朗読劇を興奮して聞いていた、あの時代がよかったとおっしゃっていました。テレビ以前の、情報が言葉しかない時代。そこで朗読劇のような、語りの上手な方が演じる世界を耳にしていると、パーッと情景が目の前に広がってくるような楽しみがあったのです。

講談が本になったものもあります。『猿飛佐助』を私も読みましたが、「佐助は悄然としていた」の、「悄然と」を「しょんぼりと」と読ませるようにルビが振ってあるなど、そうした自在な日本語力もそこには備わっていました。子どもが読むようなものでも、そうした日本語で書かれていたんですね。子ども用に易しくすることはなかったのです。

今の時代は、子どもたちに硬いものを食べさせるときには、やわらかくして砂糖までまぶして与えるという時代ですが、昔の子どもは硬いまま、大人のものをそのまま読んでいたということです。よかれと思って子ども用にベッタベタのやわらかい日本語にしてしまったのが今の日本の国語教科書ですが、それに問題があるということです。

臨場感ある『吉田松陰』

徳富蘇峰（一八六三〜一九五七）は、明治から昭和にかけて活躍したジャーナリストであり、歴史家、評論家です。熊本の郷士の長男として生まれ、同志社英学校を経て自由民権運動に参加、一八九〇（明治二三）年には、國民新聞社を設立して「國民新聞」を創刊しました。

その蘇峰の書いた評伝『吉田松陰』も、古い作品ではありますが、お薦めしたい一冊です。昔の人はこういうものを読んで吉田松陰（一八三〇〜一八五九）のようになりたい、などと興奮したわけです。

たとえば次の一節を見てみましょう。

〈かつ彼の一生を卜《ぼく》するに、彼恒《つね》に身を以て艱難《かんなん》を避けざるのみならず、自《みずか》ら艱難を招くもの、その例、即ちこの亡邸の一挙において〉といったような文体なのです。いかにも文語文なのですが、意味や雰囲気は何か理解できるということなんですね。

ほかにも、〈彼はまた時勢の児なり、日本国に醞醸発酵《うんじようはつこう》したる大気は、遂に彼が如き人物を生じて、彼が如き事業を行わしめたり。〉と、どこを読んでも、わからないというほどでもない。何か伝わってくるものがある文章なのです。

最後のほうの場面、〈彼嘗《かつ》てその門人の死生大悟を問うに、答えて曰く、／死生の悟りが開けぬというは余り至愚故、詳《つまびら》かにいわん。一七、八の死が惜しければ、三十の死も惜しし、八、九十、百になりてもこれで足りたということなし〉ということで、〈人間僅か五十年、人生七十古来稀。何か腹のいえるような事を遣りて死なねば成仏は出来ぬぞ〉とあります。これは松陰の言葉でもあるのですが、徳富蘇峰がこうした松陰の人生を描くにあたって、この文語体が極めて自然な文体で生きているのです。

そのさらに後でも〈彼は真摯の人なり、彼は意の人に非ず、気の人なり。理の人に非ず、情の人なり。識の人に非ず、感の人なり。彼は塩辛らく、意地悪ろく、腹黒き人に非ず。

彼は多くの陰謀を作《な》したるに拘らず、正義の目的を達せんがために作したるの陰謀にして、殆んど胸中、人に対して言うべからざるのものなかりしなり〉ということで、すべての表現は漢語的ではあるのですが、空疎ではないところが魅力なのです。

漢語には、言葉が先に力み過ぎて、内容が空疎になるよくない点もあるのですが、この徳富蘇峰の『吉田松陰』は、そこに陥ることなく、松陰という人の人生を見事に描ききっている文章なんですね。これが読めないかと言うと、ギリギリ読めるような気もします。問題は読む人があまりいないということです。これは吉田松陰の伝記の中でも、最もドラマチックで優れた本なのです。私は司馬遼太郎さんが吉田松陰を扱った『世に棲む日日』も好きではありますが、吉田松陰と言えば、まず徳富蘇峰のほうを読むべきではないかと考えるのです。

理由のひとつは、松陰と蘇峰の年代の近さです。なにしろ、徳富蘇峰は江戸時代の生まれですから、対象である吉田松陰と生きた時代が近いわけですね。ですから臨場感というものが違います。まるで自分もその場にいるように松陰の気風を感じることができる。またこの全編が文語体の名文でできている。このような日本語で全部書けるのはすごいなと感心してしまうほどの日本語力です。

『五重塔』を音読で読破しよう

『齋藤孝の音読破』というシリーズの本がありまして、『坊っちゃん』、『山月記』、『銀河鉄道の夜』など、一冊を音読で読破しようという作品をそろえています。そのひとつが、この幸田露伴の『五重塔』です。これは露伴の名作としてあまりにも有名ですが、とにかくどこを読んでも惚れ惚れするような文章なのです。

十兵衛と源太のやりとりなども、〈なあ十兵衛、二人が舎利《しやり》も魂魄《たましい》も粉灰《こばい》にされて消し飛ばさるるは、拙《へた》な細工で世に出ぬは恥も却って〉とありますが、「魂魄」と書いて「たましい」とルビを振る、「名誉」と書いて「ほまれ」と振るなど、こういう言葉の自在なセンスにも惚れ惚れします。また〈有り難うござりまする、と愚魯《おろか》しくもまた真実《まこと》に唯平《ひれ》伏《ふ》して〉という部分もそうなのですが、言葉の使い方が本当に美しいですよね。

「其二十五」の節ではこういう大工さんたちが集まって、境内で仕事をするわけですが、〈材を釿《はつ》る斧《よき》の音〉とか〈板削る鉋《かんな》の音〉など、その仕事が目に浮かぶような一文が続きます。小気味よいリズムが響きわたる風景を描写しながらこの一ページ丸々、句点「。」がなく続くわけです。この感じ、勢いですね。これが大工仕事のよさだということが読者に伝わってくるような文章です。

これを『音読破』シリーズでは、私は総ルビを振っています。現代は総ルビで出している本が少ないので、子どもたちが読めないのです。かつては総ルビの本が多く、子どもたちはそれで漢字の力を鍛えていって、読めるようになったということがありました。まずこうした文書を読んで、こういう日本語を書いた人がいるのだということを知り、ベストセラーになったのだから、こうした日本語を楽しんでいた人たちもいたということに思いを馳せながら、今一度、味わって頂きたいと思います。

日本語の名人による『名人伝』

中島敦は一九〇九（明治四二）年の生まれですから、時代は随分現代に近い人です。中国の古典に材をとった作品が多く、なかでも『山月記』は中島の名を世に知らしめた名作ですが、ほかにも『李陵』や『弟子』など傑作が多くあります。国語の教科書で読んだことがある方も多いのではないでしょうか。

『名人伝』などもお薦めの一冊ですね。最初のところを読んだだけでも少し笑いがこみあげてくるようなそんな雰囲気もあります。

〈趙の邯鄲《かんたん》の都に住む紀昌《きしょう》という男が、天下第一の弓の名人になろうと志を立てた。己の師と頼むべき人物を物色するに、当今《とうこん》弓矢をとっては、名手・飛衛《ひえい》に及ぶ者があろうとは思われぬ。百歩を隔てて柳葉を射るに百発百中するという達人だそうである。紀昌は遥々《はるばる》飛衛を訪ねてその門に入った。／飛衛は新入《しんいり》の門人に、先《ま》ず瞬きせざることを学べと命じた。紀昌は家に帰り、妻の機織《はたおり》台の下に潜り込んで、其処《そこ》に仰向けにひっくり返った。眼とすれすれに機躡《まねき》が忙しく上下往来するのをじっと瞬《またた》かずに見詰めていようという工夫である。理由を知らない妻は大いに驚いた。第一、妙な姿勢を妙な角度から良人《おっと》に覗かれては困るという。厭がる妻を紀昌は叱りつけて、無理に機を織り続けさせた。来る日も来る日も彼はこの可笑《おか》しな恰好で、瞬きせざる修練を重ねる。二年の後には、遽《あわた》だしく往返する牽挺《まねき》が睫毛を掠めても、絶えて瞬くことがなくなった。彼は漸《よう》く機の下から匍出《はいだ》す。もはや、鋭利な錐の先をもって瞼を突かれても、まばたきをせぬまでになっていた。不意に火の粉が目に飛入ろうとも、目の前に突然灰神楽《はいかぐら》が立とうとも、彼は決して目をパチつかせない。彼の瞼はもはやそれを閉じるべき筋肉の使用法を忘れ果て、夜、熟睡している時でも、紀昌の目はクワッと大きく見開かれたままである。竟《つい》に、彼の目の睫毛と睫毛との間に小さな一匹の蜘蛛が巣をかけるに及んで、彼は漸く自信を得て、師の飛衛にこれを告げた〉

奥さんが機を織っているその下に入って瞬きをしないようにするとか、小さいもの、ノミみたいなものを吊るして見ていたら巨大に見えてくる。そうするとどんな的でも大きく見えるみたいな目の訓練をすることに何年……とか。腕が上がってきたからどうするかというと、天下一になるためにあの師匠を殺せばいいということになる。そうすると、お互いに矢が空中で突き刺さり合いながら落ちていくという、無茶苦茶なのですが、面白いんですね。

『弟子』は、孔子の弟子である子路を主人公にしたものですが、私は高校時代に読んで惚れ惚れした記憶があります。これを読んでいるだけで『論語』の世界が蘇ってくるのです。子路という血気盛んな人間が、最初、孔子に敵対するのですが、そのうちに惚れこんでしまって「先生、先生」と言って慕う。勇気ばかりが勝ってしまうような人間なのですが、そうした愚かさも含め、それを優しく包みこむ孔子が居て、『論語』の世界が、まるで今生きている人たちの世界のように現れるのです。

漱石のしたためた手紙

第一章でも述べましたが、幕末から明治時代にかけての人たちというのは、「素読世代」

と言われていて、まだ漢文の素読をしていた世代でした。私はもちろん芥川も好きですが、やはり漱石の時代とは何かが少し違う。人間性も違う気がしますし、素読をやっていた世代の骨の強さというものが、鷗外や漱石には感じられるのです。それを特に実感できるのが、『漱石書簡集』です。漱石の芥川たちに対する手紙などを読みますと、やはり惚れ惚れとしてしまうわけなのです。

〈勉強をしますか。何か書きますか。君方は新時代の作家になるつもりでしょう。僕もそのつもりであなた方の将来を見ています。どうぞ偉くなって下さい。しかしむやみにあせってはいけません。ただ牛のように図々しく進んで行くのが大事です。文壇にもっと心持の好い愉快な空気を輸入したいと思います。それからむやみにカタカナに平伏する癖をやめさせてやりたいと思います。これは両君とも御同感だろうと思います〉

〈今日からつくつく法師が鳴き出しました。もう秋が近づいて来たのでしょう。／私はこんな長い手紙をただ書くのです。永い日が何時までもつづいてどうしても日が暮れないという証拠に書くのです。そういう心持の中に入っている自分を君らに紹介するために書くのです。それからそういう心持でいる事を自分で味って見るために書くのです。日は長いのです。四方は蟬の声で埋《うず》まっています。以上。／八月二十一日〉ということで、久米正雄

（一八九一～一九五二）と芥川龍之介の両人に夏目金之助が書いているわけです。大正五年と言いますと、亡くなる直前です。さらにこんなものもあります。

〈あせっては不可《いけま》せん。頭を悪くしては不可せん。根気ずくでお出でなさい。世の中は根気の前に頭を下げる事を知っていますが、火花の前には一瞬の記憶しか与えてくれません。うんうん死ぬまで押すのです。それだけです。決して相手を拵えてそれを押しちゃ不可せん。相手はいくらでも後から後からと出て来ます。そうしてわれわれを悩ませます。牛は超然として押して行くのです。何を押すかと聞くなら申します。人間を押すのです。文士を押すのではありません。／これから湯に入ります。〉

　これも大正五年の〈八月二十四日〉ということですから、亡くなる直前の手紙です。漱石はこのような手紙を門下生たちに送っていたのです。命のあるような日本語です。自分は幕末の志士のように書きたい、そして死にたいといったようなことを弟子たちに書き送っているんですね。ですから、こういう師弟関係を含めてこの『漱石書簡集』を読んで頂くと、漱石がこうやって自分の思いを人に伝えていたことがわかります。

　このような深刻な文面だけでなく、柔らかな場面もあります。一九〇一（明治三四）年、留学先のロンドンから複数の友人に宛てた手紙です。

〈下宿といえば僕の下宿は随分まずい下宿だよ。三階でね、窓に隙《すきま》があって戸から風が這《は》入《い》って、顔を洗う台がペンキ塗の如何《いかが》わしいので、それに御玩弄箱《おもちゃばこ》のような本箱と横一尺竪二尺位な半まな机がある。夜などは君ストーブを焚くとドラフトが起って戸や障子のスキからピューピュー風が這入る〉

この「いいからね」とか「だよ」「でね」など、この文体だけを見たら、とても明治三四年の人とは思えません。非常に今風の言葉遣いをしているところが新鮮です。また下宿にずっとこもりきりになることを〈下宿籠城主義とした〉と言うなど、そういうセンスもなかなか面白い。

〈加之《しかのみならず》西洋人との交際となると金がいるよ。御馳走ばかりになっているとしても金がいるよ。まずい洋服などは着ていられないしタマには馬車を駆らなければならないし、しかもよほど親密にならなければ一通りの談話しか出来ない。興味のあるシンミリした話なんかはやれないからね〉

だから下宿籠城主義になったという話なのですが、漱石ぐらいの日本語の達人になると、このようなやわらかい文体でも手紙が書けるわけです。私がお勧めしているのは、別に硬いものだけをやれということではありません。硬軟取り混ぜることができるのが重要だということです。その点、漱石の手紙はさまざまな意味で日本語の勉強になるものだと思います。奥さんに宛てた手紙にもなかなか興味深いものがあります。同じく明治三四年のロンドンからの手紙です。

〈芝居は修業のために時々行くが実に立派で魂消《たまげ》るばかりだ。昨夜もドルリー・レーンという倫敦《ロンドン》の歌舞伎座のような処へ行ったが実に驚いた。尤もその狂言は真正の芝居ではない。パントマイムといって舞台の道具立や役者の衣装の立派なのを見せる主意であって、これは重《おも》にクリスマスにやるものだが、はやるものだから去年から引き続いてやっている〉。「魂が消える」で「たまげる」と書いているのも、わかっていて書いているわけですね。ロンドンに行ってこれが驚いたということを伝えるために、そういう表現をしている。そして、最後には〈おれは大丈夫だ。よほど肥《こえ》たようだ。しかし早く日本に帰りたい。後はその内書いてやる〉。そういう可愛いところもあります。

生活を表現するお手本

『万葉集』に収められている山上憶良（六六〇?～七三三?）による「貧窮問答歌」、これまでとは打って変わって時代をさかのぼりましょう。これが表しているものは、作った人もいるならば、それを読む側もいたということなのです。

〈風雑《ま》じり雨降る夜の雨雑じり雪降る夜は術《すべ》もなく寒くしあれば〉。これを読んでいると、非常によくわかるのです。そして〈世の中を憂しとやさしと思へども飛び立ちかねつ鳥にしあらねば〉となりますが、これもここで終わります。山上憶良は官僚ですから、自分自身が極度に貧しいわけではないのですが、貧しい人たちの暮らしをここまで詠んでしまったということは、政治が間違っているといったことを告発しているようなものです。しかし、それが『万葉集』に採用されているところがまた、素晴らしいところでもあるのです。

ですから「貧窮問答歌」を、社会科の資料として読むのではなく、日本語のお手本としてぜひ読んで頂きたいと思います。語句の説明を読んだ上で音読をしてみる。そうすると、たとえば〈父母は飢え寒ゆらむ妻子《めこ》どもは乞ふ乞ふ泣くらむこのときは如何にしつつかながよはわたる／天地《あめつち》は広しといへど〉というように、そのときの貧しさの様子が細かい描写までわかるようになってきます。みんなが咳をしたり、洟《はな》が出たりというような動作についても表現されているので、これもまた日本語のひとつの傑作と言えるのです。

山上憶良も知らずに生きていくというのも悲しいことなんですね。何か社会で嫌なことがあったときも、「飛び立ちかねつ」と一人がつぶやくわけです。そうするともう一人が、

「鳥にしあらねば」とつぶやき返す。それが教養ある人たちの会話というものです。

こうした日本語の奥行きを知ってみると、もう古いから読めないとか、必要ない、実用的でないと言っている世間、料簡の狭さというものを恥じ入るようになります。実用とは何なのかというと、意味と感情を伝えることです。この人たちの歌からは意味と感情が全部伝わっています。ですから言うなれば、これこそ実用というものです。

世界にひとつだけの文庫

毎日電車の中を見回しますと、ほとんどの人がずっとスマホをいじっています。その時間に、それほど長いものでなくてもよいので、何かひとつ本を読むことを強くお勧めしたいと思います。最近は著作権の切れた名作をネット上で無料で読める「青空文庫」というものもあります。今手にしているスマホで、「中島敦　青空文庫」を検索すれば、すぐに読めるのです。ただで読めるものが何百冊とそろっているのですから、ＬＩＮＥやゲームをやる少しの時間を割いてみてはいかがでしょうか。

そうは言っても、紙の文庫本で読んでほしいというのが私の本音です。文庫本は厚くないし、持っていても重くはないし、それを二週間ぐらい持って歩くと馴染んできて、ともに生活しているような気持ちになってくる。

文庫本は「物」です。自分の「物」。良いと思ったところに線を引きまくる。そうして自分だけの本を作り上げていくのです。もちろんキンドルでも青空文庫でも線を引く機能はあるのですが、紙をめくるという行為が、脳の中でエンドルフィンという快感物質を分泌させるという説があります。

画面を手でスライドさせて見ていけば、早く読めます。スラスラスラスラーっと通り過ぎていく感じというのでしょうか。映画を観ている感じに近いかもしれません。ところが文庫本となると周囲の時が止まっている感じがするんですね。そこに何か一本でも線を自分で書きこんだら、その本でないと自分は読めなくなってしまうような、そんな愛着も湧いてきます。私などは、本を失くして、また新しい本を買わなければいけないとなると、自分の物ではないようで読みづらくなってしまいます。やはり、自分のチェックを入れるとか、紙で読むとか、そういうことが人間の脳にとっては大事なことなのです。

音読で味わう名文 その5◆『たけくらべ』

本書で度々言及している、擬古文による樋口一葉の代表作です。

時代は「その4」の『徒然草』からぐっと近付いていています。原文だけでも読解できる部分が多いのではないでしょうか。

「タイトルは知っているけれど、どういう話なのかはちょっと……」という方も多いかもしれません。これを機にまずは現代語訳を読破し、友達に「『たけくらべ』ってどういう話か知ってた?」などとお喋りの種にして頂けたら嬉しく思います。

物語は吉原の郭《くるわ》に住む美登利《みどり》と、お寺の息子である信如《しんにょ》のほのかな恋模様を描いています。ここで取り上げたのは、まだ幼い二人が同級生達にからかわれる、どこか甘酸っぱい場面です。

（原文）

龍華寺《りゅうげじ》の信如《しんにょ》、大黒屋《だいこくや》の美登利《みどり》、二人《ふたり》ながら学校《がっこう》は育英舎《いくえいしゃ》なり、去《さ》りし四月《しがつ》の末《すえ》つかた、桜《さくら》は散《ち》りて青葉《あおば》のかげに藤《ふじ》の花見《はなみ》といふ頃《ころ》、春季《しゅんき》の大運動会《だいうんどうかい》とて水《みず》の谷《や》の原《はら》にせしことありしが、つな引《ひき》、鞠《まり》なげ、縄《なわ》とびの遊《あそ》びに興《きょう》をそへて長《なが》き日《ひ》の暮《く》るるを忘《わす》れし、その折《おり》のことや、信如《しんにょ》、いかにしたるか平常《へいぜい》の沈着《おちつき》に似《に》ず、池《いけ》のほとりの松《まつ》が根《ね》につまづ《ず》きて赤土道《あかつちみち》に手《て》をつきたれば、羽織《はおり》の袂《たもと》も泥《どろ》になりて見《み》にくかりしを、居《い》あは《わ》せたる美登利《みどり》みかねて我《わ》が紅《くれない》の絹《きぬ》はんけちを取出《とりいだ》し、これにてお拭《ふ》きなされと介抱《かいほう》をなしけるに、友達《ともだち》の中《なか》なる嫉妬《やきもち》や見《み》つけて、藤本《ふじもと》は坊主《ぼうず》のくせに女《おんな》と話《はなし》をして、嬉《うれ》しさう《そ》に礼《れい》を言《い》つたは可笑《おか》しいでは無《な》いか、大方美登利《おおかたみどり》さんは藤本《ふじもと》の女房《にょうぼう》になるのであらう《ろ》、お寺《てら》の女房《にょうぼう》なら大黒《だいこく》さまと言《い》ふ《う》のだなどと取沙汰《とりさた》しける

（現代語訳）

龍華寺《りゅうげじ》の信如《しんにょ》と大黒屋の美登利、二人は同じ育英舎という学校に通っていた。去る四月の末、桜が散って青葉のかげに藤の花が見ごろになった時期。水《みず》の谷《や》の原《はら》で春の大運動会が開かれ、誰しもが綱引きに鞠投げ、縄跳びといった競技に、長い春の日が暮れるのも忘れて興じていた。そんな中、いつも落ち着いている信如がどういうわけか池のほとりの松の木の根っこにつまずいて、思わず赤土に手をつき、羽織の袂が汚れてしまった。そこに居合わせた美登利は見かねて、紅い絹のハンカチを出しながら「これでお拭きなさいよ」と介抱してやった。すると友達の中に焼き餅を焼いたのがいて、「藤本は坊主のくせに女と話してら。嬉しそうに礼を言っちゃったりして笑えるぜ。大黒屋の美登利ちゃんは藤本と結婚するのかな。お寺に嫁に行くのが大黒さんとはぴったりだよ」などと囃し立てるのだった。

1 勇名《ゆうめい》を（　　　）
勇ましいという世評を得ること。

2 正鵠《せいこく》を（　　　）
核心をつくこと。

3 憂身《うきみ》を（　　　）
身がやせ細るほど、ひとつのことに熱中する。

4 露命《ろめい》を（　　　）
困窮しながら、なんとか生活を続けている様。

5 踏鞴《たたら》を（　　　）
勢い余って止まれず、数歩足が出てしまう様。

6 車軸を（　　　）
激しい雨が降っている様。

7 山葵《わさび》が（　　　）
文章などの表現が、ピリッと締まっていて人の心に響くこと。

8 饒舌を（　　　）
思うままにおしゃべりすること。

9 傍杖《そばづえ》を（　　　）
思いがけず、無関係なトラブルに見舞われること。

10 画餅《がべい》に（　　　）
理想的に思えた計画が、失敗して絵に描いた餅になってしまうこと。

1―勇名を（馳せる・轟《とどろ》かす）

2―正鵠を（得る・射る）

3―憂身を（やつす）

4―露命を（繋ぐ）

5―踏鞴を（踏む）

6―車軸を（流す）

7―山葵が（利く）

8―饒舌を（振るう・弄する）

9―傍杖を（食う・受ける）

10―画餅に（帰す）

第六章　未来を切り開く日本語力

教養を育めば世界が輝く

日本語力を伸ばすためには、まずは読み書きの能力を上げ、語彙を増やすことが大切だとこれまでお伝えしてきました。そして、そのためには過去の優れた文体に数多く触れることがなによりも大事ですから、参考になる名作を紹介しました。しかし、さらに日本語の力を確かなものにしたいと思ったら、そこに「教養」の柱がないといけません。それこそが、日本語力の背骨になってくるのです。

室町時代初期の猿楽師であった世阿弥（一三六三？〜一四四三？）は、当時としては大変独創的な能力を持って現れました。複式夢幻能《ふくしきむげんのう》という様式を完成させたのです。複式夢幻能とは、構造的には次のようなものです。

前段で旅の僧などに扮したワキが出てきて里人と出会います。「ここはどこなのか」と問うと、「ここはこれこれの謂れがあって、文化的に言うと平家の人たちが何々した場所です」とか、「在原業平が何々した場所です」といった具合に里人が答えます。ワキが興味を覚えたところで、実は自分がその話題の主の幽霊なのだと言って里人は消えるのです。そのあと、間に狂言が入り、後段はその亡霊が現れて、この世に思い残したことがあるなどと言いながら舞い踊って、最後に成仏するというパターンです。複式というのは、前後段に分かれているという意味です。

このパターンが通用するのは、元の本説というものがあるからなのです。たとえば『源氏物語』の話や、『平家物語』の話などを前提にしています。それをアレンジした物語であることが共有されていないと、全く話がわからないということになってしまいます。「アオイノウエ？　誰それ？」と言っているようだと、舞台の人物が舞っている意味も、そこで表現される人間の感情がどこから来ているものなのかもわかりません。

世阿弥の作品は、ほとんどがそういった本説を持っています。『三道』という本の中で、劇の作り方について、「種」「作」「書」の三つが必要であると述べていますが、その「種」にあたる部分が本説、つまり教養というものなのです。そこにアレンジをしてどういうふうに構成するのかを考えなさいというのが「作」。そして実際にそれを文章に書くのが「書」です。過去の名文句、名台詞、名文を必ず織りこんで仕上げなさいと指示していたのです。

芥川龍之介も『今昔物語』に材を取って「芋粥」を生み出しましたし、『ドン・キホーテ』の二人組がおかしなことをするという筋は、いろいろな作品で使われてきました。シェイクスピアの『マクベス』が黒澤明監督（一九一〇〜一九九八）の手にかかれば『蜘蛛巣城』になる。ひとつ名作が生まれると、それを踏襲してアレンジを加えていくというのは、よく見られる手法です。舞台や設定を少し変えることで、かえって元のストーリーが生きてくることがあるのです。

最高のコーチが書店であなたを待っている

また教養と並行して、用語、概念、語彙を広く身につけることで日本語力は強化されます。そのためには一〇代における読書が非常に重要なのですが、スマホに多くの時間を割かれている現代は、ますます意識的な訓練が必要です。そして新聞も読まないとなると、ハードルは高くなる一方です。ですので、やはり、書き言葉をしっかり読む、本としてまとまりのあるものを著者の人格とセットで受け取るということをしなければなりません。

キリスト教徒はイエス・キリストの精神を受け継いでいく。イスラム教徒は『コーラン』の教えを受け継いでいく。そういうベースを作る作業を、かつて日本人は『論語』を通じて行ってきたわけですが、現在、共通のテキストがないということも、状況を難しくしている理由のひとつです。

また、自分と同じレベルの人とばかりやりとりしていても限界があるのが言語です。優秀なコーチとちゃんと練習をしないと上達しないということです。

たとえば兼好法師（一二八三?～一三五二?）に稽古をつけてもらうのもよいでしょう。『徒然草』は〈日ぐらし、硯に向かひて〉という冒頭の一節に始まり非常に読みやすく、量も多くありません。二四三段で終わるわけですが、大学生に「じゃあ、来週これ全部読んできてね」と言うと、普通に読んできます。今日では全文に訳がついているものもあるので、その面白さを容易に味わえるはずです。

『徒然草』二四三段を一度読んで書きこみを加えていけば、日本語力の次元が変わったことを実感できます。一冊読み切ったということが自信につながるんですね。『論語』も一巻全部読んだとなると自信になる。さらに、あちらこちらに『論語』の引用がされていることもわかってきます。ついには嬉しくなって、また違う古典を読もうという気持ちになる。そういうよい循環が生まれてくるんですね。

このように日本語におけるコーチが自分の周りにいないとなったら、書店に行けば手ぐすね引いていろいろなコーチが待っていてくれますからぜひ足を運んでみることです。どれにしようか悩んでしまう場合には表紙や装丁が好みのものを選んでも良いでしょう。いずれにしても、自分のコーチを引き受けてくれ、と念じながら選んでみることをお勧めします。

実践するためのヒント① 座の文学

日本人の言葉に対する興味というものは、座の文学として表れました。国文学者の尾形仂《つとむ》さん（一九二〇〜二〇〇九）の『座の文学』という本は、連歌を作るためにみなで集まって、一人が五・七・五という発句を作り、次の人が七・七をつけて、その次はまた五・七・五をつける、という繰り返しを「座」で行うことについて書かれています。この発句が独立して後に俳句となるわけですが、実は座で作られる連歌のほうが先に生まれていたのです。

つまるところ、俳諧とは連衆心《れんじゅしん》の営みにほかならないということです。生きることの楽しみを共にしていく心を持ち、互いに孤独を内に秘めた仲間がいるから俳句は生まれたのです。

ここでも先人たちは努力を重ねました。最初の五・七・五に七・七をつけるには大変な能力が要求されます。前の人の感情に添いながら、でも少しずらさないといけない。添いつつずらす、という微妙なテクニックを持ち寄ることが座のコミュニケーションの基本になっています。

文学とは、部屋の中で一人で書くものではなくて、そうやってみんなで楽しんだものだったのです。心を一人閉じるのではなくて、前の人の感覚、心、思いつきというものを引き受けて、よりそれを面白く展開していくというのが付け句であり、それを見出したことが、文学の在り方においては画期的なことでした。そして、これは同時に日本語の究極の未来の姿とも言えるでしょう。

他人の話を受け取らないで勝手に自分の話をする人というのは、コミュニケーション能力が高いとは言えません。相手が言ったキーワードを押さえながら会話ができ、なおかつひとつのところに停滞しないでどんどん展開していって話が面白いという人がいます。そういう人は座の文学を作っていった俳諧師たち、芭蕉たちの努力というものを、付け句感覚で継承できているのでしょう。これが未来のコミュニケーションとしては理想的ではないかと思います。

実践するためのヒント② 引用によって先人と融合する

座の文学の実践として、大学では三、四人一組のグループを作って話を時計回りに回していくという授業を行うことがあります。「○○と言えば、こうですよね」というふうにつなげていく話し方をさせて、それをぐるぐる回していくのです。自分の直前の人が言った言葉の中の○○という言葉を引き取って「○○と言えば」というふうに話し始めなければいけないというのがルールです。

一人一五秒で回しますと、一分で三、四人回ってきます。それを何周も何周もするのですが、一周回ってくる間に話は変わりますから、次に自分が何を話すか決めることができません。これこそが、前の人の話をちゃんと聞くことの訓練になります。人が話すのを聞かずに自分が次に話そうとすることばかり考えている人は、全く話ができなくなります。しかも、「○○と言えばこうですね」と話をずらして、発展させなければいけないので、一見難しそうに見えるのですが、やってみると思いのほか展開していくものなのです。学生にとっても、ちゃんと会話を回せているということが自信になります。これこそがコミュニケーションであるということをまずは教えるのです。

次の段階ではとにかく何かを引用しながら話すということをさせます。最初の人が三〇秒話し、次の人がその話を受けながら「誰かがこう言っていました」という引用を入れながら話すという形式です。しかし、引用するためには、ある程度の引出しがないとできません。

そこで共有するものを作るために、学生には「『論語』を読んできてくださいね」とあらかじめ言っておきます。その中で一〇個ほど文章を選んで、それらに自分のエピソードをくっつけて話してくださいと指示します。自分のエピソードを話しつつ、「この『論語』の言葉がまさに当てはまる、そういう経験でした」というように、順々に話していってもらいます。

読者の皆さんがすぐに行える方法として、本書でこれまで紹介してきた古典に自分のエピソードを加える練習をするのもよいでしょう。一〇個が多いのであれば、六個でも構いません。五個でも六個でもとりあえず、読んだ本の言葉に触発されて自分が思い出したエピソードを付けてセットで話す。エピソードを話すときは古典を引用し、また古典を読むときにはその言葉に触発されてエピソードが出てくる、という相互作用が日本語力の強化につながります。

たとえば『論語』の「女《なんじ》は画《かぎ》れり」という言葉で言いますと、自分は部活でこれはできないと思ってしまったけれども、実はやってみたらできたというエピソードを持ってくると、孔子の言葉と現在の自分の経験がつながるわけですね。これが一番大切なことなのです。言語の能力というのは、言葉と自分の経験が結びついて結晶化したときに一段上にレベルアップします。これを続けると、学校やビジネス、あるいはSNSといった場面を問わず文章を書くことの精度が格段に上がるわけです。

小論文の指導のときには、引用をひとつでも入れると文章が締まる、ということを常に言っていました。たとえばミシェル・フーコー（一九二六〜一九八四）の論理をまず私が説明して、「この部分はこういうときに使えるからいいよ」と指導すると、大学入試の小論文の試験のときに、「フーコーの『監獄の誕生』のあの話を書いてきました」という生徒が出てきました。かの論理が求められている課題に対して、引用がきちんと組みこまれているとなると、大学生としてしっかりやっていけるな、という判定になります。そのように文章のグレードを上げていくためには、説得力のあるネタや裏付けが必要なのです。

アウトプットしようと思って読書をする。テレビを見る、映画を観る。音楽を聴いてその成り立ちを調べるのもよいでしょう。いつか引用しよう、自分の言葉に取り入れようと思っていると、それぞれに気持ちや熱が入るものです。

引用する価値があるものを、目を皿にして探してみてください。「天《てん》網《もう》恢《かい》恢《かい》疎《そ》にして漏らさず」という老子の言葉がありますが、自分の目が網になって、ちょっとした面白い言葉も逃さない。面白いと思ったらすぐスマホにメモする、テレビを見ていてもこの言葉が面白いと思ったら、すぐにメモする。誰かの言葉をちゃんと引用できるような生活習慣を身につけましょう。

これをやれば日本語力はほぼ大丈夫です。古今東西の先人たちの知恵に自分の体験が加わる。これほど強いものはないでしょう。

そのように、引用して自分のエピソードをつけて人前で話すということを、今週は『論語』、来週は『学問のすゝめ』、その次はデカルトの『方法序説』、その次はニーチェの『ツァラトゥストラ』というふうに課題を替えて授業でやってきました。すると、読んでくるのはそれなりに大変なのですが、そのうちに学生たちは熱気を帯びて語り合うようになります。ニーチェの言葉を全員が共有している状態ですから、日本語力が非常に高いのです。

実践するためのヒント③　全員投票制

なかには全部読み切れないまま授業に出る学生もいます。そういう人のために、「じゃあ来週、復習のために、もう一回同じ本から引用して話し合おう」と言うようにしています。ほかの人が引用したところには、各自、自身の本の中に線を引っ張ってもらっているので、大部分に線が引かれているわけですね。それがもう一週、さらにもう一週となると、その作品の面白さが、さらに深く実感できて充実してくるんですね。

それで今度は何をするかと言うと、お互いに本を見せ合って、どれだけ線を引っ張って読みこんだ感じのある本であるかというのを、「せーの」で投票するのです。どの人のエピソードがよかったかというのも投票で決めます。毎回、全員投票制なので、非常に民主的な授業です。

その学生の本を見れば、どの程度読みこんだかというのはすぐわかります。それぞれが完全に自分の血肉とするような読み方をしてくれるよう求めているので、線を引いたり、ページを折ったり、付箋を貼ってコメントを付けたり、とにかくいろいろなことをして「読みこんだ感」を出してほしいと伝えています。その本を失くしたら絶望的な気分になるくらい、「また同じ本を買えばいいという問題じゃない！」と言わずにはいられなくなるように、一週間で読みこんできてほしいと指導しています。

当たり前ですが、図書館で借りて済ませようなどと思っていた学生は、本を買わなければいけないと焦ります。一生の支えとなる本に千円前後のお金を出すことに逡巡する学生が少なからず存在します。五〇〇円、六〇〇円、「タピる」お金があるならば、それで文庫本は買えるはずです。更に言えば、古本なら一〇〇円でも選択肢はたくさんあります。精神の糧を求める学生が増えてくれることを切に願います。

実践するためのヒント④　五・七・五を舌で転がす

引用の基礎ができたら、今度はそれを織り交ぜながら、ブログやSNSで書くのもよいかもしれません。アウトプットすることによって、自分の言語感覚がどんどん研ぎ澄まされていくのです。キレのいいものであれば、ツイッターで「バズる」ことも夢ではありません。

本や映画の感想を、五・七・五で作ってもいいわけです。ツイッターは一四〇文字まで入力できますから、三十一文字《みそひともじ》は余裕ですね。たとえば五・七・五・七・七にその時の気持ちを入れると、自分の感情がもう短歌になります。

簡単に自分の生活が作品になる。これはまさに一億総表現者時代を表しています。

五・七・五という型の中に嵌まっているということは、私たち日本人にとってものすごくラッキーなことで、どこか詩人ぽくなるんですね。「〇〇や」という切れ字の「や」を使えば、一旦パシッと切れて、それらしくなるということもあります。

今日ではテレビ番組の影響もあって、俳句の人気に復興の兆しが見えます。一見、俳句とは縁のないような芸能人の方々が、容赦ない指導を受けて、巧妙な句を作るようになる。興味を持って学べば、元々持っているセンスが花開いて、上達するということがわかります。

私も国語教師を志している大学生には、俳句や短歌の創作課題を出します。上手く作れなくてもいいのです。幸田露伴は「俳句というのは舌で言葉を転がすものだ」と言っています。舌で転がして、どの言葉がその時の心情や、思い浮かべている風景に合うのかということを考える。芭蕉も〈古池や蛙《かわず》飛びこむ水の音〉という最終形に落ち着くまでに、いろいろな言葉を当てはめて考えたのです。

考えて、考え抜いて、ここには絶対にこの言葉しかないという言葉があるはずだと思って、探すわけです。その探す作業が、日本語力を磨くのです。ですから、初めから上手く作れなくてもよいのです。言葉を探し求める過程こそが大事なのだと改めて伝えたいと思います。

実践するためのヒント⑤　短編小説批評会

もうひとつ学生にやらせていることが、長い休みに短編小説を書くことです。そのコピーを、休み明けにクラス全員、一五人ほどに渡し、各自一週間かけて読ませます。そして次の週に、ひたすら誉め合う批評会を行うのです。そう、誉めること以外は許されない批評会です。

クラスメイトが一人ずつ、自分の作品を誉めてくれる。しかも、そのコピーに線を引っ張って読みこんでいる。その上で「ここはよかった」と言ってくれるのです。初めて自分が小説を書いて、それが絶賛されるわけですから、嬉しくないわけがありません。初めてのことに挑戦して、新境地開拓という心持ちになるのか、取り組む前は「絶対に嫌です」と言っていた学生たちも、「ものすごく楽しかった」「最高でした」と全員が言うのです。

実際に自分が取り組むことで、プロの作家さんの偉大さがわかったりもする。読み手としての感性も磨かれるでしょう。インターネット上には投稿サイトもありますので、これはやってみることをぜひお勧めします。

新たな日本語時代の始まり

ここまで駆け足で日本語の運命と、これから私たちは日本語とともにどこへ向かうべきかを考えてきました。今、瀕死の状態にある日本語力のレベルを、いかにして次の世代へとつなげていくのか。話す・聞く能力偏重の世の中から、もう一度、読むこと、書くことの大切さを見出す世の中に変えていかねばなりません。特に、若い人が文学作品に触れる機会を大人たちが奪うようなことだけはしてはならない。そのことも強く主張したいと思います。

さまざまな古典の作品に向き合うと、改めて日本語の豊かさに気づかされます。この価値を多くの日本人に改めて認識して頂きたいというのが、今も昔も変わらない私の一番の希望です。

日本語を母語に持っていることの幸運を、もう一度私たちはかみしめ直すところにきています。膨大な語彙の海と複雑な文体の木々に埋め尽くされた大地、それらが息づく日本語の世界に生まれたという強みを持って、誰しもが大変な表現者になれる可能性を秘めているのです。

そう、日本語の運命は新たな分岐点にさしかかっています。インターネット時代、ＳＮ

S時代においても、私たちは自由なのだと勇気を持ってあなただけの未来を切り開いてください。

音読で味わう名文 その6◆『福翁自伝』「緒方の塾風」

このコーナーでは、『万葉集』『源氏物語』『平家物語』『徒然草』『たけくらべ』と徐々に時代を近付けて作品を扱ってきました。最後は福澤諭吉の『福翁自伝』です。原文のみを掲載しますので、スラスラと音読してみてください。

〈原文〉

塾《じゅく》で修行《しゅぎょう》するその時《とき》の仕方《しかた》は如何《どう》いう塩梅《あんばい》であったかともうすと、まず初《はじ》めて塾《じゅく》に入門《にゅうもん》した者《もの》は何《なに》も知《し》らぬ。何《なに》も知《し》らぬ者《もの》に如何《どう》して教《おし》えるかというと、そのとき江戸《えど》で翻刻《ほんこく》になっているオランダの文典《ぶんてん》が二冊《にさつ》ある。一《いち》をガランマチカといい、一《いち》をセインタキスという。初学《しょがく》の者《もの》にはまずそのガランマチカを教《おし》え、素読《そどく》を授《さず》ける傍《かたわ》らに講釈《こうしゃく》をもして聞《き》かせる。これを一冊読了《いっさつよみおわ》るとセインタキスをまたその通《とお》りにして教《おし》える。如何《どう》やらこうやら二冊《にさつ》の文典《ぶんてん》が解《げ》せるようになったところで会読《かいどく》をさせる。会読《かいどく》ということは生徒《せいと》が十人《じゅうにん》なら十人《じゅうにん》、十五人《じゅうごにん》なら十五人《じゅうごにん》に会頭《かいとう》が一人《ひとり》あって、その会読《かいどく》するのを聞《き》いていて、出来不出来《できふでき》によって白玉《しろだま》を付《つ》けたり黒玉《くろだま》を付《つ》けたりするという趣向《しゅこう》で、ソコで文典二冊《ぶんてんにさつ》の素読《そどく》も済《す》めば講釈《こうしゃく》も済《す》み会読《かいどく》も出来《でき》るようになると、それから以上《いじょう》は専《もっぱ》ら自身自力《じしんじりき》の研究《けんきゅう》に任《まか》せることにして、会読本《かいどくほん》の不審《ふしん》は一《いち》字半句《じはんく》も他人《たにん》に質問《しつもん》するを許《ゆる》さず、また質問《しつもん》を試《こころ》みるような卑劣《ひれつ》な者《もの》もない。

1 ―― 肺腑《はいふ》を（　　　）
人の心を深く感銘させること。

2 ―― 横車を（　　　）
理不尽にも、無理を通すこと。

3 ―― 秋波《しゅうは》を（　　　）
意中の人の気を引くために色目を使うこと。

4 ―― 螺子《ねじ》を（　　　）
だらしない態度や行動を叱咤激励してしっかりさせること。

5 ―― 人後《じんご》に（　　　）
他人にひけを取らないこと。

6 —— 世故《せこ》に（　　　　）

世間に通じていて、世渡りが上手なこと。

7 —— 口吻《こうふん》を（　　　　）

それとなくわかるような言い方をすること。

8 —— 糊口《ここう》を（　　　　）

貧しくも、どうにかやりくりして生活すること。

9 —— 謦咳《けいがい》に（　　　　）

尊敬する人に会ったり、話をすること。

10 —— 琴線《きんせん》に（　　　　）

素晴らしいものに触れて感動すること。

1―肺腑を（抉《えぐ》る・衝く）

2―横車を（押す）

3―秋波を（送る）

4―螺子を（巻く）

5―人後に（落ちない）

6―世故に（長ける）

7―口吻を（洩らす）

8―糊口を（凌ぐ）

9―謦咳に（接する）

10―琴線に（触れる）

参考文献

著書

・紫式部　角川書店編『源氏物語 ビギナーズ・クラシックス　日本の古典』KADOKAWA　二〇〇一年
・吉田兼好　角川書店編『徒然草 ビギナーズ・クラシックス　日本の古典』KADOKAWA　二〇〇二年
・樋口一葉著　川上未映子訳「たけくらべ」『日本文学全集13』所収　河出書房新社　二〇一五年
・樋口一葉『にごりえ・たけくらべ』新潮社　二〇〇三年
・福沢諭吉著　富田正文校訂『新訂　福翁自伝』岩波書店　二〇一一年
・東京書籍編集部編『慣用句・故事ことわざ・四字熟語　使いさばき辞典』東京書籍　二〇一四年

拙著

・『1分音読「万葉集」』ダイヤモンド社　二〇一九年
・『声に出して読みたい日本語 音読テキスト① 平家物語』草思社　二〇〇七年
・『現代語訳 学問のすすめ』筑摩書房　二〇〇九年
・『現代語訳 福翁自伝』筑摩書房　二〇一一年
・『大人の語彙力大全』KADOKAWA　二〇一八年

齋藤 孝《さいとう たかし》

教育学者。一九六〇年、静岡県生まれ。東京大学法学部卒業後、同大学院教育学研究科博士課程を経て、明治大学文学部教授。専門は教育学、身体論、コミュニケーション論。主な著書に『声に出して読みたい日本語』（草思社）をはじめ、『大人の語彙力大全』（中経の文庫）、『読書する人だけがたどり着ける場所』（SB新書）など著書多数。

日本語力《にほんごりょく》で切《き》り開《ひら》く未来《みらい》

インターナショナル新書〇四九

二〇二〇年二月一二日 第一刷発行

著者 齋藤《さいとう》 孝《たかし》
発行者 田中知二
発行所 株式会社 集英社インターナショナル
〒一〇一－〇〇六四 東京都千代田区神田猿楽町一－五－一八
電話 〇三－五二一一－二六三〇
発売所 株式会社 集英社
〒一〇一－八〇五〇 東京都千代田区一ツ橋二－五－一〇
電話 〇三－三二三〇－六〇八〇（読者係）
〇三－三二三〇－六三九三（販売部）書店専用
装幀 アルビレオ
印刷所 大日本印刷株式会社
製本所 加藤製本株式会社

 ISBN978-4-7976-8049-2 C0281

インターナショナル新書

005
映画と本の意外な関係!
町山智浩
映画に登場する本や台詞は、作品を読み解くうえで意外な鍵を握っている。元ネタである文学や詩までに深く分け入った、町山映画論の新境地!

009
役に立たない読書
林 望
読書は好奇心の赴くままにすべし! 古典の楽しみ方、古書店とのつきあい方、書棚のつくり方なども披露し、書物に触れる歓びに満ちた著者初の読書論。

016
深読み日本文学
島田雅彦
「色好みの伝統」「サブカルのルーツは江戸文化」「一葉の作品はフリーター小説」など、古典からＡＩ小説までを作家ならではの切り口で解説。

025
お釈迦さま以外はみんなバカ
高橋源一郎
「キラキラネーム考」「大阪おばちゃん語の憲法」「名作を2秒で読む?」など 作家が見つけた表現とことばの数々。その秘められた意味も深掘りしていく。

034
へんちくりん江戸挿絵本
小林ふみ子
現代の漫画を凌ぐトンデモな発想が江戸にあった! 遊里に遊ぶ神仏、おかしな春画…京伝、北斎、南畝ら異才による「へんな和本の挿絵」の見所を解説。

インターナショナル新書

041
税のタブー
三木義一

宗教法人、暴力団、政治団体。なぜ彼らの税負担は軽いのか。誰も踏み込まなかった領域に立ち入り、不公平税制の真因を税の成り立ちから考える。

042
老化と脳科学
山本啓一

「脳」と「老化」の関係は？『ネイチャー』誌などから世界最先端の研究をキャッチアップ！　脳の老化を遅らせる治療法や生活習慣なども紹介。

043
怪獣生物学入門
倉谷 滋

ゴジラ、ガメラ、『寄生獣』のパラサイト……、SFの一ジャンルを築いた怪獣たちを徹底検証。怪獣とは何か？　その意外な答えを掘り起こしていく。

044
危険な「美学」
津上英輔

戦意高揚の詩、美しい飛行機作り、結核患者の美、特攻隊の「散華」。人を眩惑し、負の面も正に反転させる美の危険を指摘する。

045
新説 坂本龍馬
町田明広

龍馬は薩摩藩士だった!?　亀山社中はなかった？　新説が満載！　あなたの知っている坂本龍馬、フィクションではありませんか？

インターナショナル新書

040

黒川伊保子
ことばのトリセツ

「あー、いいね」は憧れを、「おー、いいね」は感動を伝える。「感謝します」と「ありがとう」など、同じ意味でも、届く気持ちは語感でまったく変わる。人工知能研究において「ことば」の感性に着目して以来、著者のライフワークである「語感分析」。28年にも及ぶ研究によって積み重ねられた「ことば」についての考察は、男女関係、上下関係、ビジネスシーンなど、あらゆる場で役に立つ「ことばづかい」の極意となった。

『女の機嫌の直し方』で話題の著者の真骨頂!